最短理解で最大成果！

初めての

プロジェクト
マネジメント

株式会社キューブアンドカンパニー
勝俣安朗
細澤新太郎

JP01477

みらい PUB LISH ING

はじめに

　DX、IoT、〇〇Tech、AIなどなど、企業や巷の課題解決に向けたIT関連の話題は、絶えず発生しています。関連してIT案件（プロジェクト）も多く発足し、それをコントロールする「プロジェクトマネジメント」の役割を担う人材も、必要とされています。

　「プロジェクトマネジメント」という響きだけを聞くとなかなか仰々しく、「いったい何から手を付けてよいものやら……」という感覚の方もいらっしゃるかもしれません。

　本書は、以下のようなプロジェクトマネジメント初心者の方々を対象に記述しました。

・「プロジェクトマネジメントお願い」と言われたものの、何をすればよいのか途方に暮れている方
・右も左も分からずプロジェクトマネジメントを始めてみたものの、いろいろ問題が発生し（あるいは発生しそうで）どうしたらよいか分からない方
・プロジェクトマネジメントを学びたいものの、何から手を付けてよいか分からない方

　特徴として、理解促進のための「物語調での比喩（二児のパパのダイエット奮闘記）」が全編にわたって挟まれています。新たな知識体系習得は膨大なエネルギーを要するものです。モチベーション維持のトリガとしてもぜひご活用ください。

　せっかく時間を取って「はじめに」を読んでいただいた方々への、せめてものお礼として、本書で「できること」と「できないこと」を説明させていただきます。読み進めるか否かの判断の一助となれば幸いです。

○ プロジェクトマネジメントの観点をざっくり学べます

　個別の手法に関して事細かに記述はしていませんが、プロジェクトマネジメントを実行するにあたり、どのような検討領域があり、各領域では何を注意すべきかなどのポイントをまとめてあります。詳細解説がないため、読後に「?」が残る可能性も十分にあり得ますが、「ざっくり」知識として流し込むには良い粒度感かと思われます。

○ PMBOK学習の「導入」として活用できます

　プロジェクトマネジメントのベストプラクティスである『PMBOK』（第6版）の体系をベースにして構成されています。一部組み換え／簡略化されている部分はあるものの、観点としてはそれほどズレてはおりません。本格的なPMBOK学習に先立ち、PMBOKの輪郭をとらえる程度の活用は可能です。

× PMBOKの「網羅的な」勉強には不向きです

　本書はPMBOKの体系をベースにまとめてあるものの、筆者の経験をもとにした解釈や、分かりやすさを優先した豪快な簡略化がなされているため、PMBOK学習の「導入」には使えるかもしれませんが、資格取得に向けた「網羅的な」知識習得には不向きです。本書を流し読みした上で、早々にその他書籍、WEBなどをご参照ください。申し訳ございません。

× おそらくダイエットに有効ではありません

　プロジェクトマネジメント説明のためのシチュエーションとして「ダイエット」を題材にしており、無茶な設定や展開、ダイエットの常識から外れたアドバイスをしている可能性があります。本書をもとにダイエットに挑戦することはお勧めしません。

　PMBOKというベストプラクティスをベースに「かくあるべき」という内容をお伝えする本書ではありますが、プロジェクトが多くの不

確定要素を含むものである以上、最適解を見出すことはなかなか難しいと思われます。

　大事なのは「気づき」です。

　筆者も大小さまざまな規模のプロジェクトマネジメントを経験させていただく中で、まだまだ十分ではない部分や「こうすれば/こう考えればよかったのか！」という気づきがあります。

　本書が皆様に、何らかの「気づき」を与える、または与えるきっかけとなれば幸いです。

2021年7月

株式会社キューブアンドカンパニー

勝俣安朗　細澤新太郎

＜ 本書の狙い・使い方 ＞

　本書はプロジェクトの開始から終了に向かう4つのプロセス群と、プロジェクトマネジメント上考慮すべき10個の観点（コスト、スケジュール、リスク……etc）をもとに22個のプロセスから構成されています。

・Part II：立ち上げ（1プロセス）
・Part III：計画（10プロセス）
・Part IV：実行（10プロセス）
・Part V：終結（1プロセス）

　また、各プロセスは、ストーリー、説明、ポイント、サンプルから構成されています。

・ストーリー：二児のパパのダイエット奮闘記です。各プロセスでの注意点をエッセンスとして含めています。
・説明：各プロセスで実施する内容、考え方などを簡単に解説しています。
・ポイント：「説明」パートのまとめ、及び各プロセスで特に注意すべき内容を簡潔にまとめています。またcolumnとして、対象プロセスにおける失敗事例、陥りやすい状況などをまとめています。
・サンプル：各プロセスでのアウトプット/成果物を一部抜粋しサンプルとして紹介しています。作成上の注意点なども記載致しました。

　必要な個所、興味のある部分から読み進めていただいて構いません。以下、活用例として、シチュエーション別の本書の利用方法を紹介させていただきます。

・活用例

■突然「プロジェクトマネジメントしろ」と言われて辟易している方

「ストーリー」だけ流して読むことをお勧めします。読み物として読むなかで、プロジェクトマネジメント上、気に掛けるべきことが少しは頭の片隅に残るかもしれません。気になったら「ポイント（column除く）」を確認し、もう少し気になったら「説明」を見ていただくと、少し理解が深まるはずです。嫌気がさしたら、早めに本書を閉じてください。

■「プロジェクトマネジメント」について学んでみようかなと思っている方

　10個の観点（コスト、スケジュール、リスク……etc）ごとに読み進めることをお勧めします。「ストーリー」を読み、雰囲気を掴んだ上で、「説明」「ポイント（column除く）」で理解を深め「サンプル」でアウトプットのイメージを固めます。箸休めとして「ポイント」の「column」を有効活用ください。

■訳も分からずプロジェクトマネジメントをやらされ困っている方

　まさに今困っている箇所（例えば、スケジュールの計画 など）に的を絞って読むことをお勧めします。「ポイント（column除く）」を確認し、「説明」をサラッと読んだ上で「サンプル」を眺めることで、「何をすればいいのか」のヒントが得られるかもしれません。特に現在「実行」プロセスで問題が発生している場合は、対応する「計画」プロセスでなすべきことがなされていない可能性があります。また「ポイント」の「column」には失敗事例などが掲載されています。同じ轍を踏まないためにも、一度目を通しておくことをお勧めします。

　上記に当てはまらずとも、皆様独自の読み方で何らかの糧、アクションのトリガとなれば幸いです。

目次

調達マネジメント

ステークホルダーマネジメント

コミュニケーションマネジメント

Part IV
実行

プロセス群の説明

統合マネジメント
ストーリー
説明
コラム
サンプル

スコープマネジメント
ストーリー
説明
コラム
サンプル

スケジュールマネジメント

コストマネジメント

資源マネジメント

調達マネジメント

ステークホルダーマネジメント

コミュニケーションマネジメント

品質マネジメント

リスクマネジメント

Part V

Part I
プロジェクトマネジメントの領域とフェーズ

プロジェクトマネジメントの重要性

　プロジェクトを滞りなく推進し、目的達成の確度を上げる活動が「プロジェクトマネジメント」と言えます。

　活動の概要としては、

・ゴールを明確に定める（ものさし、目盛）。

・制約を見極める。

・アプローチ / ルールを検討する。

・その通りに進められているかをチェックする。

・問題があれば是正する。

　などです。

　誤解を恐れずに言うと、「プロジェクトマネジメント」は何も生み出しません。厳密には、管理用のドキュメント（ルールブックや計画書、進捗状況や評価結果など）は作成しますが、あくまでも価値があるのは導入された「システム」および、そのシステムを活用して実現される「業務」です。

　では、なぜプロジェクトマネジメントが必要なのか。それは、プロジェクト参加者がそれぞれの行動原理で動いてしまうと、プロジェクトの目的が達成できない可能性が高いからです。全体に目を配り、必要な観点でコントロールをする「プロジェクトマネジメント」が機能していない場合、以下のような問題が発生する可能性があります。

　Q（Quality：品質）
　機能が不足している、性能が悪い、すぐエラーが出る。
　C（Cost：コスト）
　予定通りの費用に収まらない。
　D（Delivery：納期）
　期限通りに終わらない。

　QCDはプロジェクトマネジメントの重要な要素ですが、前記のような問題が発生すると、時としてプロジェクト内外に大きな影響を与えます。

・先行きが見えないことへの心理的負荷から倒れる人が続出（いわゆるデスマーチ）。
・プロジェクト参加者の評価が落ちる。
・部門長が責任を取らされる。
・取引先に迷惑をかけて取引停止（場合によっては損害賠償）
などなど……。

　このような事態を発生させないためにも、プロジェクトマネジメントはとても重要な役割と言えます。

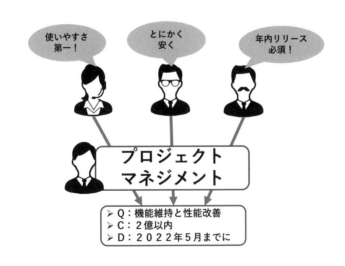

各プロセス群の概要

　次章のPart IIからPart V は、プロジェクトの進行に沿った区切りごとにとりまとめられています。（PMBOKでは「プロセス群」と呼ばれています）

　以下、それぞれのプロセスの概要になります。

Part II ：立ち上げ

　プロジェクトの定義および認可を行います。どのような制約下で何を目指すものなのか（目標）を定義し、プロジェクト開始の了承を得ます。

Part III ：計画

　目標を達成するための計画を作成します。各種観点（コスト、スケジュール、リスク……etc）における計画及び、計画をチェックするしくみも検討します。

Part IV ：実行

　計画に基づいて実行します。予実の管理などの監視、コントロール、想定外の事態が発生した際の計画の修正なども含まれます。

Part V ：終結

　クライアントに結果を共有し、成果物（プロジェクトのアウトプット）の受け入れを実施してもらいます。併せて、今後のプロジェクトのための資料取りまとめなどを行います。

　なお、PMBOKでは「監視コントロール」というプロセスが存在しますが、今回は分かりやすさを優先し、「計画」「実行」に含んでいます。

V字モデルと
プロジェクトマネジメントの関係性

　システム開発の工程説明によく用いられるモデルとして、「V字モデル」があります。「V字モデル」とプロジェクトマネジメントは以下のように関係しています。

V字モデルとは

「V字モデル」とは、開発の工程をアルファベットのV字に模して取りまとめたもので、「そのシステムで何を実現したいか」〜「コーディング（システム作成）」までを開発工程、
「作成されたシステムが正しく動くかの確認（各種テスト）」をテスト工程として表現しています。

　上流は徐々に細かく、下流は徐々に粗くなっており、「要件定義の内容をもとに総合テストのシナリオを検討する」のように、前半の同レベルの内容が後半のインプットとなっています。

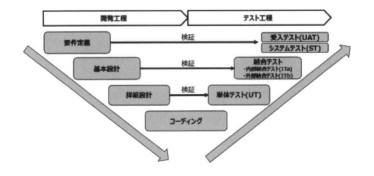

V字モデルとプロジェクトマネジメント

　先述のプロジェクトマネジメントの各プロセス群（立ち上げ、計画、実行、終結）の内、V字モデルの活動は「実行」部分に含まれます。

「立ち上げ」で定義されたプロジェクトは、「計画」で段取りが組まれ、「実行」で成果物作成（設計〜開発〜テスト）が行われ、「終結」でクライアントの手に渡ります。

　なお、大規模システム改修などでは「要件定義」部分だけでプロジェクト化されるなど、V字モデルの一部分だけで、立ち上げ〜終結のプロセスを踏むパターンもあります。

　また、本来は「計画」を立てた後に「実行」が望ましいのですが、スケジュール/リソースに余裕がない場合などは、「計画」が終わる前に「実行」が始まるパターンがあります。

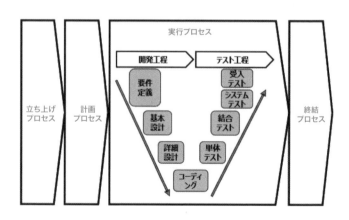

Part II
立ち上げ

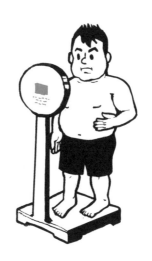

プロセス群の説明

プロジェクトのはじめの一歩・立ち上げプロセス群

4つのプロセス群の最初

　プロジェクトマネジメントは、プロジェクトを成功に導くための活動です。プロジェクトの遂行に必要なさまざまな作業の手順からスケジュール、予算、作業人員その他、密接に関わり合う事柄を、幅広い知識やスキルを駆使して管理していきます。

　このプロジェクトマネジメントに関する知識を体系的にまとめたものが『PMBOK』です。

　PMBOKによれば、プロジェクトを成功させるために重要なことは、「10の知識エリア」を理解したうえで、「5つのプロセス群」を確実に進めていくこととされています。

10の知識エリア	統合、スコープ、スケジュール、コスト、資源、調達、ステークホルダー、コミュニケーション、品質、リスク
5つのプロセス群	立ち上げ、計画、実行、監視・コントロール、終結

※本書では分かりやすさの観点から「監視・コントロール」プロセスを「計画」「実行」プロセスに含めているため、4つのプロセス群となっています。

　この章からは、プロジェクトのスタートから完了までを、4つのプロセス群に沿って解説していきます。

　・Part II：立ち上げ
　・Part III：計画
　・Part IV：実行
　・Part V：終結

立ち上げプロセス群は、4つのプロセス群の最初。ここからプロジェクトが始まります。

プロジェクトを始めるための立ち上げプロセス群

プロジェクトのスタート地点にあたるのが、立ち上げプロセス群です。

PMBOKでは、「プロジェクトやプロジェクトの新しいフェーズを開始する認可を得ることにより、プロジェクトやフェーズを明確に定めるために行われるプロセス群」とされています。

つまり、このプロセス群にとりかかる時点では、まだプロジェクトは開始されていません。というより、プロジェクトとしてまだ成立もしていないわけです。

これを公式に発足できるようにするために活動するのが、このプロセス群です。

ここの作業をしっかりと行ってプロジェクト開始の認可を得ないと、プロジェクトは「立ち上げ」られることなく消滅してしまう可能性もあります。

プロジェクトの発足がかかった、最初の大事な作業が「プロジェクト憲章」を作成することです。これは、統合マネジメント・エリアの役割です。

プロジェクトの企画書にあたるプロジェクト憲章を作ることが、この立ち上げプロセス群において、最大の作業になります。

そして、このプロジェクト憲章が承認されて初めてプロジェクトは正式に発足し、プロジェクトがスタートします。

この中で任命されたプロジェクトマネージャーは、すべてのステークホルダーの特定を行い、ステークホルダーマネジメント戦略を検討します。

よし、パパはやせてカッコよくなる！

～私のダイエット・プロジェクト～

「パパ、おデブー」
思いもよらぬわが子の言葉に愕然とする私。
昔のスリムな体型はどこへやら、
今やお腹ぷっくりのオジサン一直線？！
このままではいけないと、一大決心をするが……。

ストーリー

　私33歳、勤続10年の会社員、既婚。
　仕事は充実しているし、娘と息子2人の子どもにも恵まれ、平凡ながら、まあ幸せな生活を送っていると思う。
　そんな私が、最近ダイエットを決心。有言実行とばかり突然周囲に宣言したものだから、親しい先輩が興味津々に聞いてきた。

先輩「ダイエットするんだって？　急にどうしたの？」

説明

私「先輩、聞いてくださいよぉ。この前、子どもたちとお風呂に入っていたとき、娘が私のお腹を触って"パパのお腹プニュプニュしてるー"って言うんです。"パパ、おデブー"って。そしたら息子も一緒になってお腹触って大喜びで……」

先輩「おデブーかぁ、ハハハ」

ポイント

私「笑いごとじゃないっすよ。もうショックで。確かに、働き始めてから運動なんてやってないし、酒を飲む機会も多くて、お腹の肉がだぶついてきてるのは気になっていたんですけどね」

先輩「で、どのくらいやせるつもりなの？」

サンプル

私「うーむ。とりあえず、身体を動かすことから始めて、イイ感じの身体になるまでやってみようかなと思ってます！」

先輩「なんか、ずいぶん漠然としているな。一体何のためにやせたいの？　それに、イイ感じってどんなふうになりたいわけ？」

私「実はまだ、ちゃんと考えてないんです」

先輩「そんなんじゃダメだよ。まず何のために、そして、どんな状態を目指すのかを明確にすること。でないと、時間が経つにつれて目的が曖昧になってくることがよくあるんだよ。プロジェクトでつまずくパターンのひとつだね」

私「へー。ダイエット・プロジェクトってわけか。さすがベテラン・プロジェクトマネージャー！！」

先輩「まったく……最初からそんな曖昧じゃ、三日坊主確定だぞ！」

私「確かに。今まで何度かトライしても、まるで続かなかった」

先輩「で、目的は？」

私「子どもに笑われないように。いや、カッコいいって思われたい。ズバリ目的は、夏に海に行ったとき、子どもたちに "パパ、カッコいい" と言われるために、昔の体型を取り戻すこと」

先輩「昔の体型っていうと？」

私「入社した頃は身長175cm、体重65kg、体脂肪率15%だったのが、今じゃ体重は15kg増、体脂肪率も10%アップなんです」

先輩「ってことは、目標は体重15kg減、体脂肪率10%減かぁ。真剣に取り組まないと難しそうだけど、頑張れ！」

ダイエットの目的
半年後の7月末までに、体重15kg減、体脂肪率10%減。海に行って、子どもに「カッコいい」と言われる身体にすること！

プロジェクトの KICKOFF ！
ワンチームにまとめる統合マネジメント

　何に取り組む場合でも、ちゃんと結果を出そうと思ったら、しっかりとした目標設定や計画が不可欠です。

　特に業務、それもたくさんの関係者、いろいろな作業が関わるプロジェクトとなれば、いきなり「よーい、スタート！」とかけ声ひとつで始める、というわけにいかないことは言うまでもないでしょう。

　このようにプロジェクトに関わるすべて、すなわちスコープマネジメントやスケジュールマネジメントをはじめ、統合マネジメント以外の9つの知識エリアを取りまとめ、相互のバランスを取りながら、プロジェクト全体を統合し管理するのが、統合マネジメントです。

　統合マネジメントの目的は、プロジェクトの目的を定めて、これを達成するためにプロジェクト全体の管理を行うことです。というのも、プロジェクトの目的を明確にしていないと、もっとも重要なビジネスニーズを把握することができません。

　プロジェクトの終結まで、ずっとこのプロジェクトの目的を意識する必要があります。また統合マネジメントは、プロジェクトが進行している間は、全体の流れを捉えながら、他の知識エリア間の連携のサポートを行うという役割も担っています。

①プロジェクト憲章作成

　まず、プロジェクトを公式に立ち上げるために、プロジェクトの目的などを明確にした「プロジェクト憲章」を作成します。

　顧客のビジネスニーズの解決策を検討した企画書や顧客との契約書などをベースにして、プロジェクトの目的、プロジェクトの目標と成功基準、ステークホルダーの要求事項の概略、プロジェクトの方針、予算の概略の見積もり、リスクの概略、スケジュールなど基本事項を記載します。

また、プロジェクトマネージャー、プロジェクトスポンサーの責任
や権限も明記しておきます。

プロジェクト憲章承認で、正式に発足

　作成されたプロジェクト憲章を関連部署へ申請すると、専門家や関
係者との会議や調整が行われます。

　この結果、プロジェクト憲章が承認されれば、正式なプロジェクト
として発足することになります。

　なぜプロジェクトを行うのか、ゴールはどこか、どうやって行うの
か、いつまでに終わらせるのか……等々、プロジェクトのあり方を明
確にしたプロジェクト憲章は、このプロジェクトの発足の際に、関係
者の意思統一を図るためにも使われます。

②ステークホルダー特定

　立ち上げプロセス群には、もうひとつ大事な作業があります。それ
は、ステークホルダー特定です。

　ステークホルダーマネジメント・エリアのプロセスですが、プロ
ジェクト憲章作成の前後には欠かせない作業です。

　ステークホルダー、つまりプロジェクトに影響を受けるすべての人
や組織を洗い出し、各々のプロジェクトに対する権限、影響度、関与
度、要求事項などを文書化します。その文書がステークホルダー登録
簿で、戦略策定の情報源となります。

■まとめ

- プロジェクトの目的 / 概要を取りまとめ実施の承諾を得る
  - 背景：プロジェクトの起案に至った経緯
  - 目的：誰のどのような課題をいつまでに解決するのか
  - 目標 /KPI：成功を何で測るか（なるべく定量）
  - 納期：いつまでに目標を達成するのか
  - 前提 / 制約：人、モノ、カネ、経済情勢、業界動向など
  - ステークホルダー：プロジェクトにおける利害関係者

ワンポイント

- プロジェクト憲章はプロジェクトの終結まで参照される重要なドキュメントのため、認識齟齬が生まれないよう、誰が見ても分かる粒度、および表現となっているか確認しましょう。
- このタイミングでは詳細な粒度に落とし込むことは難しいかと思われますが、できる限り具体的に記載しましょう。

Columm

このプロジェクト、何を目指してたんだっけ？

　作業の実行も進んで、一見順調そのものに見えるプロジェクトが、思わぬ方向に向かってしまうことがあります。

　システムを作り始めたら、ときには「こんな機能もあったらいいよね」などと思いついてしまうことも少なくありません。

「それ、いいね。じゃ、やろうか」と盛り上がり、コストを増やすという話になって、ふと誰かが気づいたことは……

「あれ？！　このプロジェクト、コスト削減のためにやるんじゃなかったっけ？」

　こんな笑い話のようなことが、プロジェクトの進行中に実際に起こっているのです。その原因が、実は立ち上げプロセスにある、ということは珍しくありません。

　というのも、この立ち上げ段階では、プロジェクトマネージャーは任命されていないことがほとんど。経営戦略や事業戦略に関するやりとりの中で、「次はこれをやろう」と意思決定があって、プロジェクトは立ち上げへと向かいます。

　この後、プロジェクトマネージャーが決定して、プロジェクトが発足します。この時点で基本方針が定まっていないと、冒頭のような事態に陥ってしまいかねないのです。

　プロジェクトの目的や発足の背景に加えて、前提条件や制約条件、スケジュール、予算など立ち上げ決定の際の内容を、プロジェクトマネージャーに伝えることは何よりも重要です。

　文書化して、プロジェクト憲章として渡すことで、時間の経過、プロジェクトマネージャーの交代などがあってもプロジェクトの目的を見失ってしまうことは避けられるのです。

Part II 立ち上げ

サンプル：プロジェクト憲章

社内システム・ツール最適化プロジェクト

1. プロジェクトの目的

- 社内システム及び、ツールが複数に分散しているため、重複機能を整理、集約し必要最低限の機能にまとめる
- 社内システム及び、ツールをまとめることで保守運用コストを削減する

2. プロジェクトの目標（KPI）

- 既存システムA、システムBを新規システムαに統合する
- 既存ツールXの機能が既存ツールYと重複しているため、既存ツールXを廃止する
- 本プロジェクトにより最大×,×××万円のコスト削減を見込む

3. プロジェクトの対象範囲

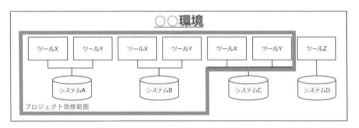

4. 前提・制約条件

- 重大障害時に社内影響が大きいため、品質を最優先とすること
- 既存システムの維持コストから悪化しないことを前提としているため、追加予算の発生は避けること
- 既存システムの運用担当者が新規システム、ツールをメンテナンス

できること

5. スケジュール

フェーズ	2021/3	2021/4	2021/5	2021/6	2021/7	2021/8	2021/9
要求定義	■						
要件定義		■					
設計・製造			■	■			
テスト					■		
移行						■	
リリース							★

6. 予算

・要件定義フェーズ後、詳細の見積もりを元に予算会議で決定とする
　（上限は×,×××万円）

7. リスク

リスク内容	影響度	対応策
遅延の場合、10月からの社内業務に影響が出る	大	軽減：6月時点で遅延の場合、ツールXの廃止に向けた対応を10月以降にリスケする
開発ベンダーが変更となる場合、既存システムの知見不足により、新規システムが実業務に適合しないものになる	大	知見のある運用保守メンバーをプロジェクトメンバーとしてアサインし、助言を仰ぐ

8. ステークホルダー

・プロジェクトマネージャー：情報システム部　田村部長
・プロジェクトメンバー：情報システム部　システム開発グループ、
　インフラ基盤運用グループ　※後日選定
・プロジェクトスポンサー：社内広報部　長谷川部長

1.プロジェクトの目的
・このPRJで実現したい事項を端的に記載する。
・プロジェクトを行うことによるメリットに触れることでより説得力が出る。

2.プロジェクトの目標（KPI）
・どのような状態であれば目的を達成したと言えるのか定義する。
・定性的ではなく、できるだけ定量的な目標を掲げたほうがよい。

3.プロジェクトの対象範囲
・プロジェクトの対象とする範囲を示す。
・文章だと伝わりづらいため、図を用いることで視覚的に理解してもらう。

4.前提・制約条件
・PRJ特性（≒与件）を明確にし、PRJの方針を定義する。
・品質（Quality）、コスト（Cost）、納期（Delivery）を軸に考えることがコツ。

5.スケジュール
・フェーズと各期間を示す。
・具体的なスケジュールは別途作成するため、PM憲章上では概算で問題ない。

6.予算
・概算となることが多いが、上限等のコスト上制約があれば記載する。
・プロジェクト承認をするにあたり、決める予算レベルはPRJによって違うため組織の意思に応じて進める。
（概算・上限だけ決めて進める会社もあれば、完全な見積もりが出ていないとプロジェクトを開始できない会社もある）。

7.リスク
・開始時点で予想される大玉リスクについて、大方針レベルで定義する。
・細かいリスクは別途リスクマネジメントの中で管理する。

8.ステークホルダー
・PRJの責任者、実行メンバー、意思決定者等の必要なメンバーを記載する。
・ステークホルダー特定が終わっていれば、組織図の記載をしてもよい。

Part III
計画

プロセス群の説明

プロジェクト遂行の作業計画を立案

・目的達成までの道順を考える

　プロジェクトが始動したら、まずやるべきことは、ゴールに向けての道筋をつけていくことです。

　立ち上げプロセス群において、すでにゴール、つまりプロジェクトの目的は明確になっています。

　このゴールに到達するまでに、どのような道順を通っていくのか。どのような手段を使っていくのか。どのくらいの時間をかけていくのか。いくらくらいお金が必要か。途中、障害となるようなものはないか……。

　こうした事柄について１つひとつ検討していかないと、実行可能な計画など作成できるはずもありません。

　計画なしにやみくもに家を飛び出しても、途中で道に迷ってしまうことは避けられません。また、何となく頭の中でシミュレーションをして計画を立てたつもりでも、実際はまったく状況が違っていたなどということも起きるでしょう。

　プロジェクトの目的を無事に達成させるために必要な計画、それも、10の知識エリアそれぞれが適切な活動を実行できるように計画を作成するのが、この計画プロセス群です。

・計画はフィードバックして洗練される

　PMBOKでは、計画プロセス群を「作業全体のスコープを確定し、目標の定義と洗練を行い、目標達成に必要な一連の行動の流れを規定するために実行される」と定義しています。

　「目標の洗練」というのは、段階的詳細化のこと。計画は一度立てたらそれで終わり…ではなく、周期的にフィードバックを行って改善しながら、精度を上げていくことが重要なのです。

　いくらしっかりと計画を立てたつもりでも、完璧な計画など存在しません。プロジェクトは本来、リスクが潜んでいる状態で始動します。というのも、初期の段階では不確実な事象が多くあるからです。計画通りに事が運ぶかどうかもまた、確実なことではないわけです。

　プロジェクトに問題が生じた場合には、修正や変更を行います。このとき、最初に立てた計画が、対応策を打つべきかどうかを判断する材料にもなるのです。

　プロジェクトマネジメントの計画というのは、ライフサイクルを通してフィードバックを繰り返し、改善などを加えながら次第に洗練されていくべきものなのです。

・大所帯のプロセス群？！

　PMBOKでは、プロジェクトを実施していくために必要な49個のプロセスが紹介されていますが、そのうちの半数近くが、この計画プロセス群に集中しています。

　しかも、10の知識エリアすべてにわたっているというのは、どの領域のマネジメント活動においても、適切かつ効果的にプロジェクトを実行しようとすれば、「計画」が不可欠であることを表しています。

　エリアごとに、その領域に関する計画書をまとめますが、それらが統合マネジメントにおいて、プロジェクトマネジメント計画書に統合されます。

まずは計画を立てることから始めましょう

ダイエットの目的が定まって、もうすっかり準備が整った気になっている私。

　そんな様子を見かねた先輩が、ダイエット成功のために、しっかりした計画の作成とマネジメントが大切なことをアドバイスしてくれるのだが……。

先輩直伝『PMBOK』をベースにしたダイエット・プロジェクトが始まる。

私「よおし、ダイエット頑張るぞ！　なんだか今回はやせられそうです」

先輩「何だよ、その根拠のない自信は。ところで、どうやってダイエットする予定なの?」

私「予定なんてほどのものはないですけど、とりあえずご飯を減らせば痩せられるかなーって思ってます。あと、明日の朝からでも、少し走ってみようかな」

先輩「そんないきなり無計画に走り出しても、ケガするのがオチだよ。運動不足なんだろ?　それに、ご飯を減らすって言ったって、何をどのくらい減らすのかも考えてないだろうし」

私「ええ、まあ。おっしゃる通りで……」

先輩「そんなんじゃ、明日から始めようが、ずーっと続くことになるぞ。長期間のプロジェクトを成功させるには、まずはしっかりと計画を立てたうえで、管理することが必須なんだよ」

私「はぁ、プロジェクトですかぁ?」

先輩「目的があって、その実現のために期間を決めて取り組むんだから、まさにプロジェクトだろ?」

私「なるほど。そうかぁ、ダイエット・プロジェクトですね」

先輩「そういうこと。まず最初は、何について計画を立てるのかを洗い出し、どんなふうに管理するのかを考えてみよう！」

私「ちょっと待ってください。ボク、昔から計画を立てるのがホントに苦手で……。何から考えてよいのか見当もつかないんですけど」

先輩「はぁ？！ これは、まったくのビギナーだな。もう仕方ない。乗りかかった船だから、手伝ってやろう」

私「ありがとうございます！ やっぱり持つべきものは頼りになる先輩だぁ」

先輩「今回は、プロジェクトマネジメントの体系をまとめた『PMBOK』をベースにして考えていこうか」

私「はい、『PMBOK』ですね。先輩、よろしくお願いします」

先輩「じゃあ続きは、後で。計画について少し話しながら帰ろう」

ダイエットすることを決めたら、取りかかる前に、どのように計画を立て、どう管理していくのかを考える！

■登場人物

私：33歳、勤続10年の会社員。5歳の娘、3歳の息子、2人の子どもの父親。

先輩：35歳。同じ会社のIT部門で、主にプロジェクトマネジメントを担当。

子どもたち：長女5歳と長男3歳。最近ちょっとませてきた長女は、何かとツッコミが厳しい。やんちゃ盛りの長男ともどもパパ、ママ大好き！

妻：私と同い年の33歳。会社員。料理好き、管理栄養士の資格を持つだけに栄養バランスを考えた食事を作る。

確実なゴールまでの道のりを考える

　プロジェクトのゴールまでの道のりを、確実に安全に進むためには、しっかりとした計画が不可欠です。無事に目的を達成するための方法を検討して計画を立てる必要があります。

　統合マネジメントでは、プロジェクト全体としてどのように進めていくのか、全体の流れや相互の連携を念頭におきながら、プロジェクトの目的達成に向けた方法を検討します。

ストーリー

●プロジェクトマネジメント計画書作成

　プロジェクト憲章をもとにして、「プロジェクトマネジメント計画書」を作成します。

　プロジェクトマネジメント計画書は、プロジェクトを実行し、終結するまでの方法を記載した文書のことです。

　プロジェクトを進めるためにはどんな作業が必要か、その具体的な内容やそのために必要な準備などをまとめて文書化することによって、プロジェクトのスムーズな進行を支えようとするものです。

　プロジェクトマネジメント計画書を作成する目的としては、実行可能な計画を立て、ステークホルダー（関係者）と共有することで、今後プロジェクトがどうなっていくのかの指針を示すことにあります。

　特に、メンバー間で認識をすり合わせたり、進め方を相談したりするのに有効です。

　また、プロジェクトを実行していくのに合わせてこの計画書を確認することで、プロジェクトの現在の進捗具合を把握することができます。

●たくさんの「補助マネジメント計画書」で構成

　プロジェクトマネジメント計画書で重要なのは、プロジェクトの目的とゴールを明記することです。なぜこのプロジェクトを行うのか。

どのように進めるのか。ゴールはどこか、つまり目標達成など成果を
どうやって判定するかの基準を記載します。品質、費用、納期など数
値化しておくとよいでしょう。

以上の本文に加えて、構成要素として「補助マネジメント計画書」
が必要です。補助マネジメント計画書は、「スコープマネジメント計
画書」「スケジュールマネジメント計画書」をはじめ、他の知識エリ
アの計画プロセスでそれぞれに作成されるマネジメント計画書のこと
です。

また、変更が発生した場合の手順などを記した「変更マネジメント
計画書」、成果物や文書の管理方法などを記した「コンフィギュレー
ションマネジメント計画書」も構成要素になります。

作成が完了している補助マネジメント計画書は、ステークホルダー
の承認を経た後、アウトプットをして、プロジェクトマネジメント計
画書に統合されます。

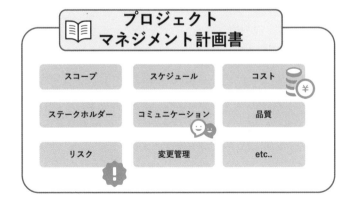

■まとめ

- 各補助マネジメント計画書をプロジェクトマネジメント計画書に統合して管理する
- 変更が発生した場合の手順などを記した変更マネジメント計画書を作成する

🖑 ワンポイント

- 後続の補助マネジメント計画書の検討結果を横断的に点検し、矛盾や実現可能性の低い計画書になっていないかを確認しましょう。
- 補助マネジメント計画の中でも Q（品質）C（コスト）D（納期）は互いにトレードオフの関係になるケースがあるため、プロジェクトとして QCD の優先順位を決めておくことで、意思決定がスムーズになります。

計画書を作成するための計画って？

　プロジェクトの発足後、まず最初にやるべきことが計画の策定。エリアごとにそれぞれのマネジメント計画書を作成します。

　と、言うは易し—— 実のところ、すべてのエリアできっちり計画書を作成すると、場合によっては100ページ超えのボリュームたっぷりの計画書を作らなければならなくなります。

　計画書にばかり時間をかけていたら、人員がそろっているのに、待てど暮らせどプロジェクトが始動しない……などということも起こりかねません。

　そこで、複数のメンバーが手分けして、それぞれの計画を作成することになるでしょう。こんなときは要注意！！

　特に、「品質」「コスト」「スケジュール」「スコープ」などは密接に関係するため、整合性確認は必須です。「この品質を担保するのにテスト1週間じゃ無理でしょ！」「基幹システムとの接続まで考えるなら要件定義が倍必要だって！」などということも起きかねません。

　エリア間で連携せずバラバラに作っていると、こんな整合性のとれていないものができてしまう可能性もあります。せっかく計画書を作ったのに、それぞれの内容が相反したり、矛盾だらけだったり……。

　そんなことを防ぐためには、先に計画書作成のための計画を立てること。始動の日付から逆算して、それぞれのスケジュールを立ててから、手分けすることです。

　プロジェクトによっては、すべての計画書がそろわないと進められないということはありません。まず必要な計画書を選別して作っていくなど、融通をきかせて計画することもプロジェクト成功の第一歩かもしれません

サンプル：プロジェクトマネジメント計画書

社内システム・ツール最適化プロジェクト
プロジェクトマネジメント計画書

yyyy/mm/dd

1.プロジェクトの目的・ゴール

1-1 目的

分散した社内システム、ツール群の集約

- 部署ごとに複数のシステムを使い分けて業務しているため、整理することで最低限必要なツールに集約する
- 適切な移行先を決め、監視系機能についてはコストメリットが見込める情報システム部で構築する

保守運用コストの削減

- インフラ環境の変更、及びアプリの再構築（規模縮小）によるコスト削減を行い、
  インフラ運用人員コストを抑える
- 年間約4,000万の運用費用が年間約2,200万で運用することを目標とする

1-2 ゴール

社内ツールの再構築 •

- ツールYをベースに再構築することで、不要機能の削除や運用上使い勝手の悪い箇所を修正する

システムAとシステムBの統合

- システムAと似たシステムであるシステムBを新しくシステムαに統合する

2.プロジェクトのスコープ

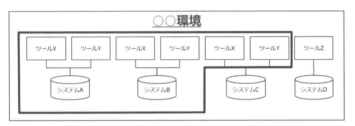

対象システム

対象部門	対象システム	対象ツール
営業部	システムA	ツールX
経理部	システムB	ツールY
情報システム部	システムA,B	-

3.前提条件、制約条件

制約条件

カテゴリ	詳細
納期	・2021年9月リリースを遵守する
品質	・障害時の社内影響が大きいため重大なシステム障害は許容できない
コスト	・経営戦略会議で決裁された金額を遵守する

4.品質基準

4-1 開発工程の品質基準

フェーズ	詳細
要求定義 要件定義	・要求項目が抜け漏れなく定義され関係者の合意が取れている
	・スコープ外要求/要件が管理され関係者の合意が取れている
基本設計	・基本設計項目が抜け漏れなく定義され関係者の合意が取れている
	・基本設計書のレビューの内容、結果が妥当である
詳細設計	・詳細設計項目が抜け漏れなく定義され関係者の合意が取れている
	・詳細設計書のレビュー内容、結果が妥当である
単体テスト	・単体テスト項目書のレビュー結果が妥当であり、関係者の合意が取れている
	・単体テストでの発生不具合がすべて解消されている
結合テスト	・結合テスト項目書のレビュー結果が妥当であり、関係者の合意が取れている
	・結合テストでの発生不具合がすべて解消されている
総合テスト	・総合テスト項目書のレビュー結果が妥当であり、関係者の合意が取れている
	・総合テストでの発生不具合がすべて解消されている

4-2 受入工程の品質基準

フェーズ	詳細
受入テスト	・要求項目に対して、各項目が抜け漏れなく定義され合意が取れている
	・受入テスト項目書のレビュー内容、結果が妥当である
	・受入テストでの発生不具合がすべて解消されている
	・運用設計書のレビュー内容、結果が妥当である

5.コスト
　5-1 マネジメント方針
　　・経営戦略会議にて承認された予算に対する作業工数の適切な執行により、プロジェクトを成功させる
　　・作業に必要なコストを定量的に把握し、コスト変動を生じさせる可能性のある変更要求は最小限に抑える
　　・各工程の計画内容と実施した作業の比較分析を行い、必要に応じて是正する

　5-2 予算
　　・経営戦略会議で決裁された金額をベースの予算とする
　　・要件定義フェーズ後、再見積りを行い予算会議で最終決定とする（上限は×,×××万円）

6.スケジュール
　6-1 マネジメント方針
　　・WBSに定義される作業を漏れなく確実に、且つ予定通りに遂行しプロジェクトの目的を実現する
　　・各工程の計画内容と実施した作業の比較分析を行い、必要に応じて是正する

フェーズ	2021/3	2021/4	2021/5	2021/6	2021/7	2021/8	2021/9
要求定義	★						
要件定義		★					
設計・製造				★			
テスト						★	
移行							
リリース							★

　　　　　　　　　　　　　　　:準備　　　　:実施　　★　:レビュー

7.リスクと予防対策

・当該プロジェクトの主要なリスクとその対応方針を下記に定義する

分類	リスク名称	リスク内容	対応方針
開発リスク	品質リスク	重要機能の構築を行うため、障害時の影響が甚大になるリスク	進捗・課題管理と同時に品質管理に特化したプロセスを組み込む
	環境リスク	統合によりリソース利用容量がパンクし障害が発生するリスク	環境の事前検証を行い、必要ならばシステムリソースを拡張する
業務リスク	業務不能リスク	システムα稼働後に不備が発覚し、業務が回せなくなるリスク	運用の定着まで、旧システムに切り戻しができるようにする
	業務負荷増大リスク	利用者側の知見が足りず、理解までの業務負荷が増大するリスク	業務利用開始前に利用者に十分なインプットを行う

8．プロジェクト体制図

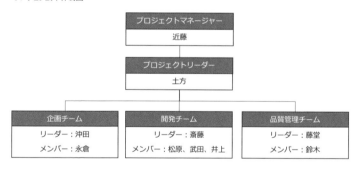

運動と食事管理をメインにやせる

先輩の協力で「さあ、ダイエット計画を作るぞ！」と、私はやる気満々。だが、まだまだスタートラインには立てそうもない。やる気はあっても、何をするのか、どうなりたいのかもまだイメージだけなのだが……。

いよいよダイエット計画も本格的にスタートできる？　入社した頃のスリムな自分を思い出し、心秘かにワクワクしていると、軽やかな足取りで先輩がロビーに現れた。

先輩「待たせて、ごめん。廊下で○○さんにつかまっちゃって」

私「とんでもない。ちょっと一杯やろうって誘われたのでは？　ボクのほうは、そんな急がなくて大丈夫ですけど」

先輩「別にいいよ。○○さんのちょっと一杯は、長くなるからねー。そんなことより"ボクのほうは急がない"なんて言って、夏がゴールなら、少しは急いだほうがいいのでは？」

私「そうか。まだまだ先と思っていたけど、それほどの余裕はないか……。さあ、計画立てるんですよね。いつからダイエット始めればいいですか？」

先輩「待て待て。いつから始めるかを決める前に、まずは何をするのかを明確にしないと。で、やせるために具体的には何をするつもりなの？」

私「厳しめに食事制限をしようかと思ってます。って言うのも、下の子が今、戦隊モノにすっごく夢中で……。あれに出てくる俳優さんみたいになれば、カッコいいって言ってくれるんだろうなって思うんです。でも、かなり細いんですよねー」

先輩「戦隊モノねぇ。まあ、気持ちはわからないでもないけど。ただ最終的に目指す姿を思い込みで決めてしまうのは危険だよ。子どもにカッコいいと言われることが目標なら、奥さんや子どもたちに、パパにどんなふうになってほしいか聞いてみたら?」

私「それもそうですね。さっそく帰ったら聞いてみよう！ 明日は土曜だし、週末のうちに少し検討してみます」

先輩「それがいい。あ、ボクはここで乗り換えなんで、また次回！」

私「はいっ、ありがとうございました！ お疲れ様です」

　翌日、子どもたちとお風呂に入り、また"おデブ"扱いされる。この機を逃すまいと、戦隊モノの録画を流しながら、ダイエット計画の話へ。結果を先輩にメールしておく。

【ダイエット目標の件】

先輩、お疲れ様です。

戦隊モノ俳優の体型についてですが、子どもに「パパがこんな細いの気持ち悪ーい！」と一蹴されました。

妻は、こんなに痩せたら健康面が心配だそうです。

そんなわけで、食事制限だけでなく運動もしっかりやって痩せることにしました。年齢的にも、そろそろ健康を気にしないといけませんからね。とりあえずご報告まで。

明確なスコープが成否を左右……
スコープマネジメント

　プロジェクトを進めるにあたって、この計画プロセスでもっとも重要なことのひとつが、スコープマネジメントです。

　スコープマネジメントとは、PMBOKでは「プロジェクトの最終成果物を明確にし、管理すること」と定義されています。

　そもそもプロジェクトは、顧客のニーズを満たすために実施されますが、必要な成果物を定められた期間内に、予算をオーバーすることなく品質よく作ることが求められます。

　それに応えてプロジェクトを成功させるには、必要な成果物を明らかにし、これを得るために期間や予算、品質に応じて行う作業の範囲を管理することが必要になります。これが、スコープマネジメントなのです。

「スコープ」とは「範囲」という意味で、簡単に言えば、プロジェクトの作業範囲を管理することです。

　というのも、プロジェクトに対して、顧客からの要望は多岐にわたります。限られた期間や予算内ですべてを実現するのは不可能ですし、中には目的に合致していないものもあります。

　これらを整理し、必要な作業は漏らさず、不要な作業は行わないようにするのがスコープマネジメントを行う目的です。計画プロセスでは、次のような手順で作業を進めます。

①スコープマネジメント計画

　プロジェクト憲章やプロジェクトマネジメント計画書をもとにして、プロジェクトにおける成果物や、それを得るためのスコープ（作業範囲）をどう確定し、どう管理していくかなどの方針をまとめます。

　これを文書化した「スコープマネジメント計画書」を作成するとともに、顧客の要求を収集し整理していく方法をまとめた「要求事項マネジメント計画書」を作成します。

②要求事項収集

　要求事項マネジメント計画書に従って、あらゆるステークホルダーのニーズを聞き出して明らかにし、文書化します。

　プロジェクト憲章にも、ステークホルダーの要求の概略について触れられていますが、より具体化した要求をまとめて一覧にし、「要求事項文書」を作成します。

　また、プロジェクトを通して、要求事項が適切に処理されているかを追跡・確認するために、「要求事項トレーサビリティマトリクス」を作成します。

③スコープ定義

　収集した要求事項を踏まえて、プロジェクトのスコープをより詳細に定義します。

　スコープマネジメント計画書や要求事項文書をもとに、プロジェクトで作成する成果物と、そのために必要な作業範囲を詳しく定義した「プロジェクトスコープ記述書」を作成します。

④WBS（Work Breakdown Structure）作成

　「スコープマネジメント計画書」や「プロジェクトスコープ記述書」をもとにして、「WBS」を作成します。WBSは、作業範囲を分解して階層構造に記述した図表のこと。

　プロジェクトで作成する成果物や実施する作業を分解し、スケジュールの作成や工程の見積もりが可能な最小単位（ワークパッケージ）まで細分化します。

■まとめ

- 各ステークホルダーのニーズを明確にし、そのニーズを満たすために必要な作業や成果物を洗い出す
- 作業や成果物を分解して、
  WBS（Work Breakdown Structure）を作成する

☝ ワンポイント

- 関係者のニーズ・要求事項をまとめた「やりたいこと」
- 課題ヒアリングや業務フロー作成などの「やること」
- 課題表や業務フロー図などの「つくるモノ」を明確にすることが重要です。

「ここまでやります」の「ここ」はどこ?

「えーっ。それ、やってくれるんじゃなかったの? このままじゃ、業務が回んないよぉ。どうしてくれるの」

　開発の仕事をしていれば、クライアントからのこんなクレーム、誰でも経験があるはず。"業界あるある"かもしれません。

　こんな事態を招くのは、計画プロセスにおけるスコープマネジメントが十分でなかったことが原因です。計画段階で、やることとやらないこと、つまり行うべき作業の範囲を明確に定義しておかないと、後にトラブルに発展することが多くあります。

「ここまではやる」とちゃんと定義したつもりでも、抽象的な表現になっていることがあります。お互いに納得していたはずなのに、実は「ここ」の捉え方が、それぞれ違っていた、ということは珍しくありません。

　例えば、システム入替えのプロジェクト。「ユーザーが使う画面だけはこちらでやる。管理者画面はいじらない」などと、やること、やらないことを明確にしておく必要があります。

「アプリケーションのところはやるけれど、インフラ周りはよそで」、「画面操作マニュアルは作るけれど、業務オペレーションマニュアルは作らない」等々。スコープの軸を明確にした上で、それぞれの目盛りをしっかり定義し認識を合わせておくこと。これが、とても重要です。

「この機能、必要だったっけ?」
「確か要らないって言っていたから、作らなくていいでしょ?」
　現場でこんなやり取りが交わされているようでは、要注意?!

サンプル：WBS

- プロジェクト・スコープ記述書で定義された成果物や作業スコープを元に、成果物作成に必要な作業を明確化する
- プロジェクト規模が大きい場合、アクティビティまで明確化すると管理が難しくなるためワークパッケージに留める

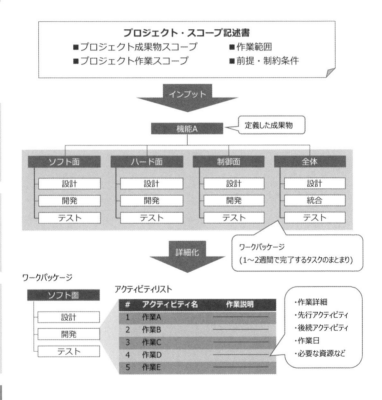

■要求事項トレーサビリティマトリクス

実装予定機能

現時点で開発予定の
機能を記載する

ステークホルダー要求を満たす
ための機能が要件に入ってい
ない時に分かるようになる

ステークホルダー要求	シングルサインオン機能	権限設定機能	編集履歴保存機能	ヘルプページ作成	…	…	…
運用コストを抑えたい							
何度もログインしたくない	●						
ガバナンス強化したい		●	●				
ユーザビリティを高めたい				●			
…						●	●
…					●		
…		●					

ステークホルダーから上がっている
要望を記載する

要求と機能が紐づいているため、変更が
あった際も変更点が分かりやすい

ダイエット期間をどう過ごす？

　食事制限と運動……ダイエットの2本の柱は決まったものの、何を、どんなスケジュールでやれば目的を達成できるのか。

　今はまだ具体的な計画が思いつかない私。

　ダイエット・プロジェクトは無事始められるのか？

私「やることは決まったし、やっと計画が立てられそうですね。よし、頑張るぞー」

先輩「張り切ってるみたいだけど、本当に大丈夫？」

私「もちろん。ところで運動をするのって、やっぱり毎日とかのほうが効果はありますよね？」

先輩「そのへんは、ボクも運動の専門家じゃないからわからないなぁ。で、運動といっても、具体的に何をするかは決めたの？」

私「とりあえず、ランニングと筋トレかなと思ってはいますが」

先輩「ふうん。あのさ、毎日とかの時間軸でスケジュールを立てるのはもちろん大切なんだけど、やることをどれだけ細かく分解して管理できるかっていうのもとても大事なことなんだよ」

私「それは、例えばこの日はランニングで、この日は筋トレ、それもここの筋肉を中心に……っていうようなことをスケジュール上で決めておくほうがよいってことですよね」

先輩「そういうこと」

私「でも、どんなスケジュールでやるのが効率がよいのか、ちょっとわからないですね」

先輩「そうだな。まあ実際のプロジェクトでも、計画段階では不確定要素が多いものなんだよね」

私「そうなんですね」

先輩「そう。だからこそ、スケジュールをどう見直すかっていうこと
を決めておくのも、スケジュールマネジメントではとても大事なこと
なんだよ」

私「なるほど。じゃあ、さっそく今わかる範囲で細かくスケジュール
を立ててみます！ それで始めてみて、変更があったらスケジュール
を更新するようにすればいいんですね *!!*」

先輩「ああ。そういうことになるかな」

ゴールまでのスケジュールを作成

・ダイエットとしてやること（食事制限とトレーニング）を細かく分
　解して、それぞれの進め方を検討。より効果的に行うための組み立
　てを行う。

・必要に応じて、適宜スケジュールの見直しを行う。

プロジェクトを期限内に完了……
スケジュールマネジメント

プロジェクトを決められた期間内に完了すること——この大事な使命こそ、スケジュールマネジメントの目的です。

PMBOKにおけるスケジュールマネジメントとは、プロジェクトの進捗管理を担うエリア。スケジュールの作成や管理を行います。ただし、スケジュールを作成するのがゴールではなく、その後の調整が非常に重要です。というのも、どんなことでもスケジュール通りに完ぺきに進行することなどあり得ません。スケジュールを作る段階では不確定の情報も含まれているためで、進行に応じて、スケジュールを調整する必要があるわけです。スケジュールマネジメントの計画プロセスでは、次のような各作業を実施します。

①スケジュールマネジメントの計画

プロジェクト憲章をもとにして、アクティビティの定義からスケジュールのコントロールまで、スケジュールを管理するための方針や進め方などを検討します。

これを文書化して、スケジュールマネジメント計画書を作成します。この計画書は、プロジェクトマネジメント計画書の構成要素の1つとなります。

②アクティビティ定義

WBSのワークパッケージを、さらに要素分解して「アクティビティ」を定義します。スコープ管理しやすいように分解されたワークパッケージを、それぞれの作業の所要時間が明らかになるまで細分化したものがアクティビティで、スケジュール管理がしやすい形にするわけです。

すべてのアクティビティを定義したら、アクティビティリストを作成します。ここには、作業範囲や先行、後続アクティビティとの順序

関係も明記します。

③アクティビティ順序設定

　各アクティビティの作業順序を設定します。作業順序には、先行アクティビティが完了しないと後続が開始できないもの、並行してできるものなど条件はさまざま。アクティビティの論理的な順序関係を図式化する「プレシデンスダイアグラム法」を利用して、順序を決定します。

④アクティビティ所要期間の見積もり

　各アクティビティの遂行に必要な資源（人、機器、物資）を想定し、これを使用して各アクティビティを完了するのに必要な期間を見積もります。プロジェクトの特徴に応じた技法（類推見積もり、パラメトリック見積もり、三点見積もり、ボトムアップ見積もりなど）を利用して見積もりを行い、アクティビティ所要期間見積もりとしてまとめます。

⑤スケジュールの作成

　これまでのプロセスで作成した成果物をもとにして、各アクティビティを遂行するための予定をスケジュールに記載。これを統合、調整して全体のスケジュールを設定します。

　スケジュール作成では、クリティカルパス法によって各アクティビティの論理的な最早開始日と最早終了日、最遅開始日と最遅終了日を算出し各種の調整をして、最終的に「マイルストンチャート」や「バーチャート」などの成果物を作成します。

■ まとめ

- スコープマネジメントで作成した WBS をもとに詳細なアクティビティを洗い出す
- 各アクティビティの順序性を整理する
- 各アクティビティに必要な所要期間を見積もる
- 上記をもとに各アクティビティの開始日終了日を設定し、スケジュールを作成する

ワンポイント

- マイルストン（重要判断ポイントや報告タイミング）の設定をしましょう。
- 目的に応じてスケジュールの粒度を使い分けましょう（日次 / 週次 / 月次）。
  ※全体を俯瞰するための月次スケジュール、作業を管理するための日次スケジュールなど。

プロジェクト外のスケジュールにも要注意！

これは、倉庫の入出庫を管理するシステムの入替えをしたある企業の話。年末商戦が始まる前に入替えをしてしまおうということで、ほぼ予定通りに入替えは終わったのですが……。

従業員が新しいシステムに慣れないうえに、システムにもいくつかの問題が発生、というタイミングで年末商戦に突入。入出庫のピーク時に出荷が大幅に停滞し、モノが運びきれずに現場は大混乱。損害賠償の話も出る大惨事になってしまいました。

スケジュールの立て方次第では、こんなケースも起こってしまいます。

スケジュール作成においては、必要なアクティビティを洗い出し、それぞれの所要時間を検討して……と、プロジェクト内のスケジュールは詳細に検討されます。

しかし、全社スケジュールや他のプロジェクト、世間の流れなどプロジェクトの制約となることもいろいろで、それらを考慮に入れておかないと、後々トラブルとなることもあります。

特に、増員などの予算取りと決算時期との兼ね合い、冒頭の例のような業務繁忙期の対応など計画プロセスで検討しておくべき要件はいくつもあります。

閑散期と思っていたタイミングが、企業によっては実は繁忙期だったというケースもあります。

スケジュールを作成する際には、関係部署、関係する人たちにしっかりと確認をとること。大きな会社ほど、そのスケジュールによって支障が出る人がどの部署にまで及ぶのか見えにくいことがありますので、十分な注意が必要です。

サンプル：週次スケジュール、日次スケジュール

■週次スケジュール

プロジェクトの全体スケジュールを俯瞰して把握するために用いる

#	タスク	担当	予定		7月				...
			開始	完了	7/5w 月	7/12w 火	7/19w 水	7/26w 木	...
テスト									
	機能A								
1	テスト計画	テストチームA	7/5 月	7/9 金					
2	テスト準備	テストチームA	7/12 月	7/23 金					
3	テスト実施	テストチームA	7/26 月	7/30 金					
4	再テスト計画	テストチームA	8/2 月	8/6 金					
5	再テスト実施	テストチームA	8/9 月	8/12 木					
	機能B								
6	テスト計画	テストチームB	7/12 月	7/16 金					
7	テスト準備	テストチームB	7/19 月	7/30 金					
8	テスト実施	テストチームB	7/26 月	7/30 金					
9	再テスト計画	テストチームB	8/2 月	8/6 金					
10	再テスト実施	テストチームB	8/9 月	8/12 木					
	...	...							

詳細

■日次スケジュール

タスクを抜けもれなく実施するために詳細なスケジュールを設定する

#	タスク	担当	予定		7/5週					･･･
			開始	完了	5 月	6 火	7 水	8 木	9 金	･･･
	テスト									
1	テスト計画									
1-1	方針検討	テストリーダーA	7/5 月	7/5 月						
1-2	スコープ検討	テストリーダーA	7/6 火	7/6 火						
1-3	工数見積り	テストメンバーa	7/7 水	7/8 木						
1-4	計画表作成	テストメンバーa	7/9 金	7/12 月						
1-5	承認申請	テストリーダーA	7/12 月	7/12 月						
2	テスト準備									
2-1	シナリオ検討	テストメンバーa	7/12 月	7/14 水						
2-2	工数見積り	テストリーダーA	7/14 水	7/14 水						
2-3	シナリオ作成	テストメンバーa	7/15 木	7/16 金						
2-4	ケース作成	テストメンバーa	7/19 月	7/21 水						
2-5	データ作成	テストメンバーa	7/22 木	7/23 金						
	･･･	･･･								

Part III 計画

ダイエットの予算が成立？！

　限られた期間内で結果を出すためには、必要な費用の捻出は不可欠。急な出費も含めた現実的な予算について、わが家の財務大臣である妻と検討してみたら……。

　休憩中に先輩がやって来て、計画の進捗状況を聞いてきた。

先輩「計画の作成は進んでいる？　効果のありそうなダイエットの方法は見つかったかい？」

私「理想的なダイエットをしようとすると、けっこうお金かかるものなんですね」

先輩「そうだろうな。今回のダイエットの予算は、もう決まっているの？　実際のところ、どのくらいなら使えそう？」

私「いくらぐらいかな。小遣いの半分くらい？　いやぁ、それは厳しいな。でも、ジムに通うことになったりすれば、それなりに必要だし。かといって、小遣い値上げなんか望めないよな」

先輩「あれ、奥さんにダイエットのこと言ったよね？」

私「夏、海に行くまでにやせてカッコよくなるって話はしたけど、どうせ続かないだろうと高を括って、本気にしてないかも」

先輩「ここは、やる気を見せて協力してもらおうよ。そして、どのくらい予算を使えて、それで足りなかった場合にはどうするのか、ちゃんと相談しておいたほうがいいと思うよ」

　その晩、夕食をとりながら、ダイエットの話を切り出した。

妻「あら、この前、戦隊ヒーローみたいにカッコよくなるって言ってたの、本気だったの？」

私「もちろん！　戦隊モノはともかく、実は今、先輩に相談にのって

ストーリー

説明

ポイント

サンプル

もらって計画を作成中なんだけどね、まずは奥さんに協力してもら
えって言われた。ダメかな?」

妻「え? まぁパパが健康でカッコよくなるならいいんじゃない。た
だ、どうせやるなら、途中で挫折なんていうのはなし！」

私「そのつもりさ。で、実は予算のこと相談したいんだけど。ダイ
エットにかかる費用は、できるだけ小遣いから出そうと思うんだけど
ね、不足したときに何とか援助してもらえないかな」

妻「ダイエット費用?！ そうねぇ……。うーん、まぁ大奮発で、月
1万円くらいまでなら家計から追加費用を出してもいいわ。身体鍛え
て丈夫になれば、医療費も浮くかもしれないしね」

私「ほんとに? サンキュー。あ、何か突発的な費用が必要になるこ
ともあるかもしれないな」

妻「どうしても必要な場合には、私にちゃんと理由を報告すること。
一緒に検討して、支出やむなし……と納得したら、追加の費用として
認めます。ただし家計から出せるのは、トータルでも7〜8万円くら
いまでよ」

私「小遣いから月2万円として、半年間のダイエット予算は総額20
万円以内に収めるということでよろしいでしょうか」

妻「了承します」

コストの見積もりと予算

半年間の総経費 20万円以内

ダイエット費用…小遣いから毎月2万円

不足した場合の追加費用…家計から

（上限月1万円）

突発的な支出…家計から（許可が必要）

プロジェクトを予算内で完了するために…
コストマネジメント

　決められた予算内で、プロジェクトを完了させること、これがコストマネジメントの目的です。

　この目的の達成のために、コストマネジメントのエリアでは、必要なコストの見積もり、予算設定、コントロールなどの活動を行います。

　前項のスケジュールマネジメントでは、進捗状況の把握や所要時間の見積もり、スケジュール調整など、時間の管理を行いましたが、ここで管理するのは文字通り、コスト。つまり、予算や見積もり、報酬、費用その他、プロジェクトに関わるお金が対象になるわけです。

　コストマネジメントの計画プロセスでは、次のような作業を実施します。

①コストマネジメントの計画

　プロジェクト憲章をもとにして、コストマネジメントを実行するにあたっての方針や手順などを検討します。その中で、コストの見積もりから、予算設定、コストのコントロールまでのプロセスを明確にします。

　予算やコストに関する情報を確認し、関係者などの会議を行って、コストマネジメント計画書を作成します。

　計画書には、コストの測定単位、精密さ・正確さのレベル、組織の手続きとのリンク、コントロールしきい値（コストパフォーマンスの許容範囲）、パフォーマンス測定の規則、報告形式、プロセスなどを記載します。

②コストの見積もり

　コストマネジメントの方針が決まったら、コストを見積もっていきます。各アクティビティを完了させるために必要な資源の内容と量を

計算し、それぞれの資源を利用する期間に応じて必要な予算を設定します。

　コスト見積もりのインプットとして、「プロジェクトマネジメント計画書」「スコープベースライン」「プロジェクトスケジュール」「リスク登録簿」などの資料を確認し、これらをもとに見積もり手法を使って、妥当なアクティビティ・コスト見積もりを作成します。

　主な見積もりの手法は、次の通り。スケジュールの所要期間見積もりでも使われる手法ですが、簡単に説明しておきます。

・**類推見積もり法**…過去の類似のプロジェクトで発生したコストをもとに相対的に見積もる。

・**パラメトリック見積もり法**…過去の情報と他の変数との統計的関係から見積もる。

・**ボトムアップ見積もり法**…ワークパッケージやアクティビティから工数を見積もり、その積み上げで全体工数を見積もる

③予算の設定

　各アクティビティを完了させるのに必要なコスト見積もりを合計し、プロジェクト全体の予算を算出します。

　各アクティビティのコスト見積もりをもとにプロジェクトスケジュールを考慮し、時系列に予算配分をしてコストベースラインを作成します。

　予算は期間ごとに分割されますが、リスク発生時などの余裕も加味して、プロジェクト資金要求として予算を要求します。

■まとめ

- どのようにコストを管理するかを決める
  - コストの測定単位
  - 精密さ・正確さのレベル
  - 組織の手続きとのリンク
  - コントロールしきい値（コストパフォーマンスの許容範囲）
  - パフォーマンス測定の規則
  - 報告形式
  - プロセス
- コストを見積もって予算を確定させる

ワンポイント

- コストドライバー（コストの増減につながる要因）を明確にしましょう。
  ※プログラム本数やテストシナリオ数など
- プロジェクトの進行に伴ってプロジェクトの予算も変更を加えていきます。したがって、コストモニタリングをする際には、当初予算や変更後予算など、どの予算に対しての予実差異をチェックするか明確にしておきましょう。

コストの計画は立てて終わり、ではない！

コスト計画の作成は、プロジェクトがうまくいかないことを想定して検討する必要があります。予算に余裕がないと、予定外のことが起きたとき、身動きがとれなくなってしまいます。

必要な増員ができなくなったり、ツールが購入できなくなったりしたら、プロジェクトの目的達成はおぼつかなくなります。

仮に、1年間1億円の予算のプロジェクトを実施することになったとします。予算の使い道の計画をしっかり作ったとしても、実行段階で、現在の予算の消化状況をちゃんと把握していないことが意外に多いものです。

たとえ3,000万円のバッファがあったとしても、「この機能もつけよう」「あれもやろう」などと、つい無邪気にプラスしていって、いつのまにか、その3,000万円も消えていた……などということがなきにしもあらず。

こんなことのないように、例えば月に一度、予算の消化状況やコストのチェックを行う必要があります。これを確実に行うためには、計画に対する予実管理のしくみを計画時点でしっかり作っておくことがとても重要です。

また急な増員などでコストの承認は得たものの、経営陣から「〇月に1,000万円はわかったけれど、キャッシュフローはどうなってるの？」

などと聞かれて、言葉に詰まるなんてこともないように。

コスト管理とともに、実際の出入金もきちんと管理する必要があります。

サンプル：予算見積書

予算見積書

プロジェクト名	社内システム・ツール最適化プロジェクト
プロジェクト開始日	2021/3/1
プロジェクト終了日	2021/9/30
全体予算	￥XXXXXXXX

内訳

概要	期間	要員
要求定義	3/1～3/31	近藤 プロジェクトマネージャー
		土方 プロジェクトリーダー
		沖田 企画リーダー
		永倉 企画メンバー
要件定義	4/1～4/30	近藤 プロジェクトマネージャー
		土方 プロジェクトリーダー
		沖田 企画リーダー
		永倉 企画メンバー
設計・製造	5/10～6/30	近藤 プロジェクトマネージャー
		土方 プロジェクトリーダー
		斎藤 開発リーダー
		松原 開発メンバー
		A社（ベンダー）
		B社（ベンダー）
	...	

合計

単価	工数(人月)	税抜き	税込み
¥2,000,000	1	¥2,000,000	¥2,200,000
¥2,000,000	1	¥2,000,000	¥2,200,000
¥1,500,000	1	¥1,500,000	¥1,650,000
¥1,500,000	1	¥1,500,000	¥1,650,000
¥2,000,000	1	¥2,000,000	¥2,200,000
¥2,000,000	1	¥2,000,000	¥2,200,000
¥1,500,000	1	¥1,500,000	¥1,650,000
¥1,500,000	1	¥1,500,000	¥1,650,000
¥2,000,000	1	¥2,000,000	¥2,200,000
¥2,000,000	1.75	¥3,500,000	¥3,850,000
¥1,500,000	1.75	¥2,625,000	¥2,887,500
¥1,500,000	1.75	¥2,625,000	¥2,887,500
¥1,200,000	7	¥8,400,000	¥9,240,000
¥1,200,000	7	¥8,400,000	¥9,240,000
…	…	…	…

¥ XXXXXXXX

成功のために必要なヒトやモノは？

計画もずいぶん固まってきたつもりでいたが、実はダイエットについて、よくわかっていないことに気づく。

そんな自分がダイエットに成功するため、どんなリソースが必要なのか。そのための予算をどうするのかも考えた！

仕事帰りに、先輩と居酒屋へ。先輩と飲むのは久しぶりだったが、やはり話題はボクのダイエット計画だ。

私「そうそう、今度自宅用の筋トレの器具を買おうと思うんですけど、どういうのがいいと思います？　予算も取れたので、けっこういいのが買えると思うんですよねー」

先輩「筋トレの器具ねぇ……。それって本当に必要なわけ？　あのさぁ、予算も、ヒトなどリソースも限りがあるんだからね。状況に合ったヒト、モノ、カネの管理を考えないと無駄なお金や労力を使うことになるよ」

私「はぁ、確かにそうですね。うーむ、でも何が状況に合っているのか、何が効率的なのか、よくわからないなぁ……」

先輩「それって、知見がないからわからないってことだよね？　だとしたら、まずは知見者を確保したほうがいいんじゃないの？」

私「なるほど。おっしゃる通り！　運動やトレーニングについて相談できる人がいるとすごく心強いですよね。誰か詳しい人はいないかなぁ」

先輩「それなら、やっぱりダイエットやトレーニングについていろいろ相談できるようなトレーナーについてもらったほうがいいよね」

私「そう。ちゃんとボクの状況、目的に合ったアドバイスをしてもらえるといいな。パーソナルトレーナーみたいな人が必要かもしれない

ですね」

先輩「ジムを見つけるときに、そのことを考慮に入れて選ぶといいね。ただし、予算との兼ね合いもあるだろうけど」

私「いきなり筋トレの器具にお金使わないでよかったぁ」

先輩「運動と、もうひとつの柱・食事の管理のほうはどう？　厳しめの食事制限をするんだろ、自分でできるの?」

私「実はウチの妻、管理栄養士の資格を持っているんです。今度、しっかりと相談にのってもらいます」

先輩「それは素晴らしい！　奥さんに指導料払わないとな」

私「そんなぁ。でも、おかげで予算の内訳が見えてきた気がします。ジムやトレーナーなどの運動費用に半年で12万円程度。食事費用に6万円、それに予備費に2万円というところかな」

ダイエット成功に必要なリソース

運動面……トレーニングやダイエットについて、
適宜相談できるトレーナー

食事面……妻に食事の管理に関する協力を依頼
外食の際の注意点についても相談

予算

トレーナーを含む運動費用に半年で12万円程度
食事の費用　6万円程度　予備費　2万円

ヒトもモノも適材適所で
ゴールを目指す資源マネジメント

　プロジェクトマネージャーが1人で頑張っても、プロジェクトはうまくいかないどころか、スタートすることも困難。

　ラグビー・チームなら、最低15人の選手がいないとKICKOFFできないように、プロジェクトも、必要な人員がそろわないと着手できません。さらに、プロジェクトの遂行には、モノや環境など、その他の資源が必要になります。

　このように、プロジェクトを無事に完了させるために必要な資源を決め、これを獲得して管理するのが、資源マネジメントです。

　資源マネジメントの資源には、大きく分けて「人的資源」と「物的資源」があります。

　人的資源は、文字通り「人」のことで、プロジェクトのメンバーのこと。一方、物的資源は、プロジェクトを進めるのに必要となる人以外のもの、つまり資材や機器、施設なども含まれます。

　特に人的資源に関する範囲が大きいため、人的資源をどのように集め、どのようにパフォーマンスを高めるのかは重要になります。

　資源マネジメントの目的は、物的資源も含めプロジェクトの成功に必要なチームを組織して育成し、パフォーマンスを高めることなのです。

　計画プロセスにおける作業としては、次の通り、資源マネジメントの計画とアクティビティ資源の見積もりがあります。

①資源マネジメントの計画

　プロジェクトの品質基準を達成するために必要な資源を見積もり、これをどうやって確保し、管理、活用していくかという方針を検討するプロセスです。

　方針が決まったら、これを文書化し「資源マネジメント計画書」に

まとめます。

　資源マネジメント計画書には、資源の特定、資源の獲得、役割と責任、プロジェクト組織図、プロジェクトチーム資源のマネジメント、トレーニング、チーム育成、資源のコントロール、表彰計画などの項目について、それぞれの方法を記載していきます。

　この資源マネジメント計画書に加えて、プロジェクトチームの方向性を定めた「チーム憲章」も作成します。

②アクティビティ資源の見積もり

　プロジェクトのアクティビティを実行するために必要な資源を見積もるプロセスです。

　各アクティビティを遂行するのに必要な人員、資材、機器、消耗品など資源の種類と必要な数量を特定し、コストの見積もりのプロセスで必要な金額を見積もります。

　ここでいうアクティビティは、スケジュールマネジメントで定義された、WBSの最小単位となるワークパッケージの要素です。アクティビティ資源の見積もりには、アクティビティリストなどを参考にします。

　アクティビティ資源見積もりを文書化して、「資源要求事項」にまとめます。

■ まとめ

- 必要となる人的資源、物的資源を特定しコストを算出する
- 人的資源をどのようにマネジメントするかを決める
  - 役割と責任
  - プロジェクト組織図
  - トレーニング / チーム育成
  - 表彰計画 など

ワンポイント

- 人的資源を考える際には、各要員のこのプロジェクトへの関与率を考慮して、必要工数に対する過不足を確認しましょう。
- チームのパフォーマンスを最大化させるためにモチベーションやコンディションをケアする施策を計画しておきましょう。

Columm

余裕のない資源の確保は目が曇る？！

「これ、できますよね？」

「大丈夫でしょ？　まぁ、やってみよう！」

　人員の追加が必要になり、急遽行うことになった面談で、こんなやり取りがされているようなら要注意！　どうしても一定数の人員を集めなくてはならないばかりに、必須であるはずのスキルの精査が曖昧になってきている兆候です。

　急に人的資源が必要になる理由はいろいろでしょうが、在庫がない“人”の調達は非常に難しいものです。

　時間に余裕がなければないほど、選ぶ側の判断は鈍ってきます。どうしても人を採らざるを得ないためにだんだん目が曇って（ハードルが下がって）、先の面談の例のように必要なスキルにさえ目をつむってしまうことが起こりかねないのです。

　こんなことでは、プロジェクトの品質に影響を及ぼすことは必至。チームとしての出力を上げるためには、どんなピースが必要なのか、求めているスキル、マインド、ナレッジを計画の中で明確にしておく必要があります。

　また、求めている人的資源は獲得できたのに、作業場所がない。PCやセキュリティカードの手配が間に合わない……備品や環境の準備などが間に合わずに機能しなかったというケースも、プロジェクトの“あるある”です。

　プロジェクト内で安全に働きやすい体制や環境を作ることで、チームとしての最大出力を発揮できます。成果を上げるためにどんな体制が必要か、計画段階で十分に検討しておくことです。

サンプル：要員調達一覧、資源カレンダー

■要員調達一覧

単位:万円

#	氏名	役職	役割	必要人数	調達場所	コスト 単価	コスト 合計
1	近藤	PM	予算管理、及びプロジェクトのQCDに対するリスク判断	1	内部	200	200
2	土方	PL	プロジェクト全体の進捗・課題管理、及び課題解決	1	内部	200	200
3	沖田	企画L	企画側要求事項の整理、及びシステムとの整合性確認	1	内部	150	150
4	永倉	企画M	企画側要求事項の整理、及びシステムとの整合性確認	1	内部	150	150
5	斎藤	開発L	要件定義〜C/Oまでの全工程の計画と実行	1	内部	150	150
6	松原	開発M	要件定義〜C/Oまでの全工程の開発作業推進	1	内部	150	150
7	A社	開発M	要件定義〜C/Oまでの全工程の開発作業推進	4	外部	120	480
8	B社	開発M	要件定義〜C/Oまでの全工程の開発作業推進	4	外部	120	480
9	…	…	…	…	…	…	…
			合計	XX		-	XXXX

なぜ必要なのか、どのくらいコストがかかるのかを一覧化しておくと、人員やコストの調整が必要になった際に判断しやすくなる

■資源カレンダー

単位：人月

#	氏名	役職	所属	3月				4月				5月			
				1w	2w	3w	4w	1w	2w	3w	4w	1w	2w	3w	4w
				要求定義				要件定義				設計・製造			
1	近藤	PM	情報シス	0.25	0.25	0.25	0.25	0.25	0.25	0.25	0.25		0.25		0.25
2	土方	PL	情報シス	0.25	0.25	0.25	0.25	0.25	0.25	0.25	0.25		0.25	0.25	0.25
3	沖田	企画L	情報シス	0.25	0.25	0.25	0.25	0.25	0.25	0.25	0.25				
4	永倉	企画M	情報シス	0.25	0.25	0.25	0.25	0.25	0.25	0.25	0.25				
5	斎藤	開発L	情報シス					0.25	0.25	0.25	0.25		0.25	0.25	0.25
6	松原	開発M	情報シス					0.25	0.25	0.25	0.25		0.25	0.25	0.25
7	武田	開発M	A社（外部）										1	1	1
8	井上	開発M	B社（外部）										1	1	1
9	…		…												
			合計	1	1	1	1	1.5	1.5	1.5	1.5	0	3	2.75	3

どの人材をいつからいつまでアサインするか一覧化することで、
プロジェクトの中で工数が必要になる時期を事前に把握でき、
余裕を持った対応や早期のリスク検知ができるようになる

自分に合ったジムとは？

　ぬかりない計画で準備万端のスタートを切ろうと、ジムの選択にとりかかる。選択の基準を明確にしてから比較検討すべし、との先輩のアドバイスで、自分の状況に合ったジムとは何かを考える。

先輩「何見てるの？　おっ、ジムのチラシ？　いよいよ候補を絞ったのかい」

私「あ、先輩！　いえ、ジムに通うことを妻に話したら、ママ友が通っているというジムのチラシをくれたんです。家から近いし安いんで、ここにしようかと思ってるんですけど」

先輩「他のジムも調べてみたの？　調達するものは、値段が安いからとか適当に選んではダメだよ。自分に合っていない選択をしてしまうこともあるんだから」

私「ですよね」

先輩「まず、調達するヒトやモノをどういう基準で選ぶのかを決めておいたほうがいいね。それをベースにして、いくつかを比較検討してみれば？」

私「なるほど。ジムを選ぶ基準は、家に近くて、会費も高くなくて……ほかに何かあったかな」

先輩「アクセスに予算、それに、この前知見者というかトレーナーにいろいろ相談したいって言ってたじゃない。あと、利用できる時間帯も重要だよ、会社員には」

私「確かに。ボクの状況を考えると、まずトレーナーのサポートが手厚いというのは必須条件ですね。アクセスは、自宅か会社から徒歩15分以内くらいかな。仕事帰りでも、なるべくゆっくりトレーニングしたいですよね」

先輩「できれば、夜中までやっているところのほうが続けられそうだね。12時くらいまで開いてるところがいいんじゃない?」

私「そうですね。仕事がちょっと長引いただけで間に合わなくなったら不便ですからね。予算から考えると、月謝は15,000円以内。以上を、調達の基準にします」

先輩「で、そのチラシのジムはどう?」

私「ジムのオープン時間が20時までなんです。これじゃ、ちょっと無理かな。その時間に帰るのは、けっこう厳しそうだ」

先輩「別のところを当たったほうがいいね」

私「こっちはどうですか。このネットに出てるジム。そっちより近くはないけど、夜12時までやってるみたい。たまに、ここの前を通るけど、なかなかいい感じです。それに、ここ見て! トレーナーに、メールでいつでも相談できるコースもあるって」

先輩「それはいい。キミに向いているかもね」

私「よし、今度行ってみよう!」

家から少し遠くなるが、深夜12時まで営業しているジムに決定。担当トレーナーにいつでもメールで相談できるコースを契約した。

調達のための基準

(ジム)

①トレーナーのサポートが手厚い

②自宅か会社から徒歩15分以内のアクセス

③24時まで営業している

④会費は月15,000円以内

必要なサービスなどを外部から……
調達マネジメント

「調達」とは、一般に"必要なものを調えて届けること"を言います。

プロジェクトにおいては、外部業者からサービスや製品などを調達することで、この調達に関わる一連の活動を管理するのが調達マネジメントです。

外部からの調達には、必ず契約を伴います。そのため契約に関する管理が不可欠であることから「契約のマネジメント」と呼ばれることもあります。

調達の対象は作業から技術、知識、製品、機器ほか多岐にわたります。作業を外部業者に調達する場合には、調達先のメンバーのスキルをしっかり把握する必要があります。「この領域丸ごと」などという形で依頼するケースも多く、期待するレベルと差異があれば、プロジェクトの品質の低下に直結してしまいます。

製品などについても、プロジェクトの予算を考慮して、適切な価格で仕入れる必要があることは言うまでもありません。また、全体のスケジュールなどを念頭に置いて、納期の調整をしていくことも重要です。

このように適切な調達が行われなければ、プロジェクトの失敗につながりかねません。成功を引き寄せる効果的な調達を行うには、調達先とも連携して適切な管理を行っていきます。

この計画プロセスでは、「調達マネジメントの計画」を作成します。

●調達マネジメントの計画

プロジェクトで必要となるサービスや製品を洗い出して、どのように調達を行っていくかという計画を作成するプロセスです。

なるべく早い段階から、プロジェクトマネジメント計画書や要求事項文書などを確認して、調達する内容を具体化する作業に取りかかる

必要があります。

　何が必要か。いつ頃、どのくらい必要かなどを洗い出し、それぞれをどのように獲得するのかを決定します。プロジェクトで内製できるのか、あるいは外注するのかの検討を行うことになります。

　この場合、外部に依頼するのが妥当か。あるいは、内部で作業を行うほうが効果的なのかを分析し、必要に応じて調達すること、つまり外部に依頼することを決定します。

　さらに、調達先の選定や契約の内容などの方針を決めることで、調達の活動がスムーズに進行するように計画を立てていきます。

　以上を調達マネジメント計画書にまとめます。調達マネジメント計画書は、プロジェクトの調達に関する活動の方針を定めたもので、プロジェクトマネジメント計画書の構成要素のひとつになります。

　この計画プロセスでは、調達マネジメント計画書以外にも、調達戦略、入札文書、調達作業範囲記述書ほかいろいろな文書を作成することになります。

■調達範囲（例）

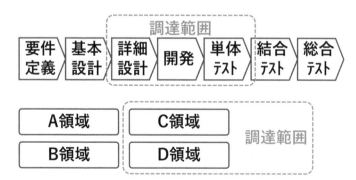

■まとめ

・プロジェクトの遂行に必要となる調達項目を洗い出す
  - 何が必要か
  - いつ必要か
  - どのくらい必要か
・調達をスムーズに行うために、選定の方法や契約の方法を予め決めておく

ワンポイント

・外部企業に対して調達を実行する場合に、複数社からの見積もりを取得し、品質や価格の妥当性を評価してから調達を行うケースが多くあります。
・適正に評価するために、外部企業の提案リードタイムも考慮して余裕をもった調達スケジュールを計画するようにしましょう。

Columm

RFPを作らないといけないけれど……

　調達には欠かせないRFP（提案依頼書）。ご存じの人も多いでしょうが、システム開発などを発注するにあたり、自社の業務内容、今回実現したいこと、現在のシステムの状況などを開示するための資料です。

　これをもとに、ベンダーなどが見積もりをして提案を行います。「ウチなら、こんな方向で、いくらでやります」という内容の提案がなされるわけです。

　この提案を受ける際に注意したいのが、提案書には非常にいいことが書いてあるということ。素晴らしくきれいで体裁のいい提案書が提出され、見栄えに目が行きがちですが、しっかり見るべきところは吟味しないといけません。

　そのうえで「これを誰がやってくれるのか」という情報を求めることが重要です。中には、提案の時だけスキルの高い人が来ることもあるので、要チェックです。

　ところで、このRFPが必要となって、いざ作成しなければ……という時、自分の会社の現状把握が思いのほか時間がかかるものです。日頃から、システムの状態を第三者に伝えられるようにシステム/業務の整理をやっておくことも大事です。

　現状把握をちゃんとやってあるかどうかによって、RFPを2か月で作れるところもあれば、1年かけて作らないといけないような会社もあります。

　現状を伝えきれていない状況で提案を受けても、後で必ずしわ寄せが来ます。後のトラブルの元にもなります。RFP共通項となる項目はまとめておくとよいでしょう。

サンプル：調達計画書

- プロジェクトの要求事項を満たせるようヒト、モノの調達方法を決定する

#	調達品目	分類	カテゴリ	調達先	契約タイプ
1	システム開発要員	人員	外部	A社	タイムアンドマテリアル契約
2	ツール開発要員	人員	外部	A社	タイムアンドマテリアル契約
3	テスト要員	人員	外部	A社	実費償還契約
4	PMO要員	人員	内部	情報シス部	-
5	会議用モニター	物品	内部	情報シス部	-
6	開発用PC端末	物品	外部	B社	完全定額契約
…	…	…	…	…	…

代表的な契約タイプの種類

■ 定額契約
  請負契約に近い契約形態で、スコープが明確であることが条件となる
  例）完全定額契約、定額プラスインセンティブフィー契約、
      経済価格調整付定額契約

■ 実費償還契約
  準委任契約に近い契約形態で、スコープが明確でないときに利用される
  例）コストプラス定額フィー契約、コストプラスインセンティブフィー契約、
      コストプラスアワードフィー契約

■ タイムアンドマテリアル契約
  派遣契約に近い契約形態で、定額契約と実費償還契約の
  両方の側面を備えている
  単価だけ明確な状況で、主に要員の補強で利用されることが多い
  例）タイムアンドマテリアル契約

Part III 計画

関係者をどう巻き込む？

　先輩、妻、トレーナー……よい関係者に恵まれて、成功間違いなしと思いきや、思わぬ抵抗勢力が現れる！

　順調な進行を妨げかねない勢力には、よく練った作戦で対応。成功に向けて、より強い協力体制の足固めも。

私「先輩にも、妻にも協力してもらえるし、いやぁ、ボク周りの人に恵まれたなー。ほんとにありがたいです。それに、トレーナーさんも頼りになりそうな人なんですよ」

先輩「いいね。ボクにも、ちゃんと感謝しろよ、ハハハッ」

私「もちろんです。特に先輩には、感謝しかないです。的確なアドバイスをたくさんいただいているし」

先輩「そんなことはともかく、周りの皆が皆、いつも協力的とは限らないからね。例えばさぁ、"ダイエットしてる"なんて言うと、妙に食べさせようとしてくるやつとかいない？」

私「あ、いますいます！　向かいの席の同僚が、まさにそんな感じ。この前、一緒に居酒屋に行ったら、すぐ酒をついでくるし、皿の残り物は全部こっちによこす。今日も、誰かの差し入れの残りをボクのとこに置いてった！　大人げないっていうか」

先輩「そういう人の影響は、最小限に抑えられるように作戦を立てたほうがいいね」

私「作戦ですかぁ。一緒に飲みに行かないっていうくらいしか手はなさそう。それもなんか、角が立ちそうだしなぁ」

先輩「誰か、ダイエットに協力してくれそうな人とかはいないの？」

私「協力っていうか、うちの部長も奥さんに言われて、最近ダイエットを始めたらしいんです」

先輩「おお、それはいい情報じゃないか。部長をうまく巻き込めば、

なかなか有利な体制が作れるかもね」

私「ええ、そうなんですよ。ボクもダイエットを始めたことをうまく伝えれば、部長が共感してくれるかもしれないですよね」

先輩「いいね。それをとっかかりに、協力してくれそうな人を増やせればバッチリだね」

私「よおし、部長巻き込み作戦か。先輩もいいアイデアがあったら、よろしくお願いします」

2人でいろいろ話すうちに、だんだん作戦が見えてきた。

私「よし、決めた！　まず最初に部長に相談する形で話を持っていく。部長は教えたがりだし、あれこれ口出しせずにはいられないはず。周囲には自然に話が広がり、部長の肝いり感もあるから、同僚も邪魔しにくい環境が作れるんじゃないかな」

先輩「うん。それに、協力してくれそうな人には、自分からそれとなくアピールしていくといいよね」

私「よし、明日からさっそく作戦開始だ！」

ステークホルダー対策は？

最近ダイエットを始めた部長を味方につけて対策を強化。邪魔をしたがる同僚の影響をできるだけ抑えると同時に、協力者を増やすようにする。

ステークホルダーの関与を強化…
ステークホルダーマネジメント

ステークホルダーとは、ビジネスシーンなどでは一般に「利害関係者」と訳されています。

特にプロジェクトマネジメントにおいては、そのプロジェクトに影響を与えたり、またプロジェクトによって影響を受けたりする人や組織のことと定義されています。

つまり、プロジェクトチームのメンバーだけでなく、プロジェクトオーナー（スポンサー）、株主、ユーザー、外注業者をはじめプロジェクトに関わりのある多くの人たちがステークホルダーに含まれます。

このようなステークホルダーを特定して、プロジェクトの意思決定や実行に関与するように管理する活動が、ステークホルダーマネジメントです。

さまざまなステークホルダーの中には、必ずしもプロジェクトに肯定的でない人もいます。状況によっては、それがプロジェクトの進行の妨げにならないとも限りません。

そんな事態に陥らないように、ステークホルダーの影響度などをよく分析し、プロジェクトに積極的に関与、協力してくれるように働きかけていくのが、ステークホルダーマネジメントの目的なのです。

立ち上げプロセスで少し触れた通り、プロジェクトに関わりのあるステークホルダーを洗い出し、それぞれの影響度や関与度、権限などについて、ステークホルダー登録簿にすでに記載してあります。

これを活用して、計画から実行へとステークホルダーマネジメント活動を実施していきます。

●ステークホルダーエンゲージメントの計画

　企業で「エンゲージメント」と言えば、従業員の愛社精神や思い入れなどを表すことが多いようですが、プロジェクトのステークホルダーエンゲージメントでは"関わり合い"のこと。つまり、ステークホルダーのプロジェクトへの関与を表しています。

　先に述べたように、エンゲージメントのレベルが高くないステークホルダーの存在がプロジェクトの成否を左右することもあります。

　プロジェクトを成功に導くために、各ステークホルダーのニーズや期待、影響度などを把握し、ステークホルダーが適切な形でプロジェクトに関与するように促すための方法、戦略などを決定します。

　特にステークホルダー登録簿をもとに、関与度評価のマトリクスなどで分析を行って対策を検討します。例えば、ステークホルダーへの報告を行う頻度、計画を見直す周期なども明確にします。

　方針が決定したら、ステークホルダーエンゲージメント計画書にまとめます。

　登録簿の項目に加えて、主なステークホルダーにプロジェクトが望む関与度と現在の関与度、コミュニケーション要求事項、配布する情報などについても記載します。

■まとめ

・プロジェクトにおけるステークホルダー（利害関係者）を特定する

・ステークホルダーが適切な形でプロジェクトに関与するように促すための方法、戦略などを決定する

☝ワンポイント

・ステークホルダーを把握する際は、相手の役職や所属部署などの属性情報だけではなく、プロジェクトにおける立場（権力や影響度、関心度）、人物的な性格なども分析した上で、コミュニケーションの方法を検討しましょう。

ステークホルダー巻き込み大作戦！！

　ある企業の話です。営業部の「販売管理システム」入替えのプロジェクトが順調に進行。大きな問題もなく、システムがいよいよ完成という段になって、初めてこれを見た営業部の〇〇部長がひと言。「これじゃないよ。こんなの業務回らないね！」

　これに呼応するように、現場の営業の人たちからも「こんなの難しくて使えない」などの声が多く聞こえてきました。

　ここでプロジェクトはストップ！　作業を進めてきたチームメンバーたちは、肩を落とすしかありません。

　ステークホルダー対策を間違えると、プロジェクトにとってこんな悪夢の結末が待っていることもあるのです。

　プロジェクトの抵抗勢力となる可能性のあるステークホルダーは、業務部門、現状を変えたくない保守的な人たち、それに入替えに関しては既存ベンダーなどいろいろです。

　ですから、そういう勢力のプロジェクトへの影響度、関心度をマトリクスで洗い出し、マッピングをしてどうアクションしていこうかと作戦を立てることが何より重要です。

　例えば、オーナー社長の鶴の一声ですべてが決まるところなら、社長をうまく使いながら現場を巻き込む。また業務部門の〇〇執行役、あるいは〇〇営業部長がキーパーソンなら、こういう頻度でプロジェクト情報をインプットしておく。キーパーソンが信頼していて話ができる人を押さえておく……等々。

　巻き込むべきタイミング、アプローチの方法、時には寄り添うコミュニケーションも織り交ぜた必勝の作戦を！

サンプル：ステークホルダー登録簿

- ステークホルダー登録簿はプロジェクト関係者の役割や影響度を査定し、分類するために作成する
- 計画フェーズではステークホルダー登録簿を用いてプロジェクトのステークホルダーを「すべて」特定し、ステークホルダーからのニーズや期待、関心事およびプロジェクトへの潜在的影響に基づいて、ステークホルダーの関与を促す手法を決定する
- 作成にはアンケートやブレインストーミング等の方法で集めた情報を用い、「プロジェクトに対する影響度」や「プロジェクトに対する姿勢」はステークホルダー分析やステークホルダー関与度評価を元に設定される

ストーリー　説明　ポイント　サンプル

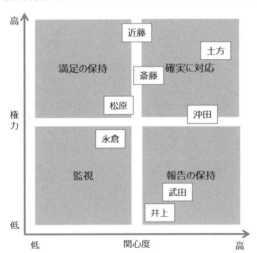

ステークホルダー分析
権力と関与度によりステークホルダーを分析し、対策検討の際の判断材料にする。

インプット

ステークホルダー関与度評価

ステークホルダーの関与度を現時点の立ち位置を元に5段階に分けて評価する。

(関与度低)　　不認識　　抵抗　　中立　　支援型　　指導　　(関与度高)

※関与度詳細

不認識	プロジェクトの存在も与えている影響にも気が付いていない。
抵抗	プロジェクトの存在にも、与えている影響にも気が付いている。 しかし、プロジェクトの作業や成果を支持していない。
中立	プロジェクトの存在にも、与えている影響にも気が付いているが、支持も抵抗もしていない。
支援型	プロジェクトの存在にも、与えている影響にも気が付いており、作業と成果を支持している。
指導	プロジェクトの存在にも、与える影響にも気が付いており、プロジェクトの成功に向け積極的に取り組んでいる。

インプット

■ステークホルダー登録簿

#	ステークホルダー 氏名	ステークホルダー 役職	所属	プロジェクトへの 影響度	プロジェクトへの 姿勢
1	近藤	プロジェクトマネージャー	情報システム部	高	中立
2	土方	プロジェクトリーダー	情報システム部	高	抵抗
3	沖田	企画リーダー	情報システム部	中	指導
4	斎藤	開発リーダー	情報システム部	中	支援型
…	…	…	…	…	…

的確なコミュニケーションで
ダイエット効果倍増！！

ダイエット成功に向けて、関係者の協力体制強化の計画を考える。

自分自身の現状に関する情報共有と知見者のアドバイス……定期的なコミュニケーションを有効活用しよう！

先輩「どうだい、キミのダイエット・チームは？　必要な人材はそろっているみたいだけど」

私「ジムの人たちやトレーナーさんはバッチリ、妻もけっこう気合が入っているし、万全と言ってもいいですね」

先輩「それは頼もしいな。ただ、人はそろってきても協力体制はちゃんと整っているの?」

私「イイ感じなんじゃないかと思いますけど」

先輩「知見者って、まぁ今回のダイエットに関してはトレーナーさんのことだけど、運動や身体についての知識はあっても、キミの行動を全部把握してるわけじゃないからね」

私「それはそうです」

先輩「だからさ、キミの現状をよく知ってもらって、いいアドバイスをもらえるようにしないとね。そういう状況を整えるのは、自分自身でやるしかないんだよ」

私「そうか。トレーナーさんには、聞きたいことがあったら何でも聞けて心強いと思ってたけど。確かに、自分でも気づかないうちに、誤った行動をとってるってこともあり得ますよね」

先輩「そうそう。だから、連絡をとる頻度や、その方法なんかもちゃんと決めておいたほうがいいよ」

私「はい、そうします。週に2回はジムに行こうと思ってるんで、そのときには、トレーナーさんに現状を報告して運動内容の相談をする

ようにしよう」

先輩「トレーナーさんには、確かメールでも相談できるんでしょ?」

私「そうなんですよ。だから、ジムに行けなくても運動のこと聞けるんです」

先輩「そういうのは、大いに利用したほうがいいね」

私「そうします」

先輩「知見者といえば、食事や栄養担当の奥さんは?」

私「もちろん妻は昼間のボクの行動までは知らないですからね。外で何を食べたか毎日報告することにします」

先輩「グッジョブ！」

関係者とのコミュニケーション

・トレーナーと週2回現状についての情報共有、及び運動についてのアドバイスを受ける。メールでの質問や相談は適宜

・妻には、昼食や外での飲食を毎日報告。必要に応じてアドバイスを受ける。

適切な情報伝達が決め手・コミュニケーションマネジメント

　円滑なコミュニケーションを図って、プロジェクトを成功へと導くのがコミュニケーションマネジメントの役割です。

　コミュニケーションと聞くと、一般に人と話すのが得意な人ほどその能力が高いと思われているところがあります。

　もちろん、それも重要な力なのですが、PMBOKで求められているコミュニケーションは、プロジェクトにおける情報共有が正確に、スムーズに行われることです。

　そのためのコミュニケーション能力が必要と言えるのではないでしょうか。

　コミュニケーションマネジメントは、ステークホルダーが必要とする情報を把握し、正確な情報伝達を進める活動を行うエリアです。

　コミュニケーションをとる相手はチームのメンバーだけでなく、顧客やスポンサー、社内の経営陣なども含まれます。

　プロジェクトの情報を相手にただ伝えるというだけでなく、相手がちゃんと理解できるように伝えることが必須と言えます。その情報が重要であるほど、相手が理解したかを確認する必要があるのです。

　ときにはコミュニケーションが十分にとれていなかったことが原因で、プロジェクトが失敗に終わることもあります。コミュニケーション不足は、問題点や不安材料などの把握の遅れ、誤りなどにつながります。

　このような事態を防ぎ、プロジェクトを成功裏に終えることが、コミュニケーションマネジメントの目的なのです。

・コミュニケーションマネジメントの計画

　このプロセスにおいて、コミュニケーションマネジメントが行うべき作業は、コミュニケーションマネジメント計画を作成することです。

　各ステークホルダーがどのような情報を必要としているか、またど

のような手段、どのようなタイミングで情報を受け取りたいのかなどについて特定し、その内容に合わせて会議の予定やレポートの内容を設定します。

　計画の作成には、プロジェクト憲章や資源マネジメント計画書、ステークホルダー・エンゲージメント計画書、スコープマネジメントの要求事項文書、ステークホルダー登録簿などを確認します。

　このようにして検討した計画を文書化して、コミュニケーションマネジメント計画書にまとめます。

　この計画書の中には、ステークホルダー・コミュニケーション要求事項、言語・書式・内容・詳細度などを含む伝達すべき情報、エスカレーション・プロセス（問題に直面したときに、上位者に指示を仰ぐ方法）、情報伝達の責任者、情報伝達の手段や技術、制約条件ほか多岐にわたる情報伝達に関する項目を記載します。

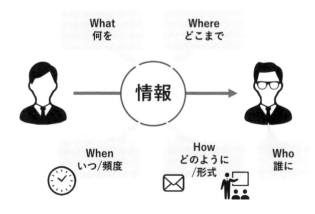

■まとめ

・いつ、だれに、何を、どのように伝えるかを定義する
 - いつ（頻度）：都度、週次、月次　など
 - だれに：経営陣、関係部署、プロジェクトメンバーなど
 - 何を：報告 / 共有、相談、承認　など
 - どのように：ミーティング、議事、メール　など

☝ ワンポイント

・コミュニケーションを手厚くするために、会議の数を増やすことは必ずしもよいとは言えません。会議の数や時間は必要最低限に抑え、会議の事前準備やファシリテーションを工夫して会議効率を上げるようにしましょう。

・コミュニケーション方法を設計する際には、チャットツールやメーリングリスト、チケット管理ツールなどの手段を活用して、必要なタイミングで必要な人に正確な情報が行き届くようにしましょう。

過ぎたるは及ばざるコミュニケーション？！

　ステークホルダーたちと、どのくらいの頻度で、どうコミュニケーションをとっていくかということは、前項のステークホルダーマネジメントでも十分おわかりでしょう。

　と同時に、プロジェクト内でもうまくコミュニケーションをとることは、求められているスケジュールや品質を実現するためには、とても大切なことです。

　だからと言って、こんなケースはないでしょうか。

「〇〇君、今日休みだっけ?」

「今、役員報告会に出てます！」

「あれ、午前中もずっといなかったよね」

「あ、さっきは月次報告会が長引いてたようで……」

「おいおい、3時半からは、私とちょっと打ち合わせしようかと言ってるんだけど。これじゃ、今日は作業が進まないな」

　コミュニケーションを大事にするあまり、会議、会議で一日がつぶれる…という、こんな笑うに笑えない話もあります。特に、プロジェクトのキーパーソンに起こりがちなケースです。

　会議をやたらに増やしたり、情報共有の種類を多くしたり、コミュニケーション・コストばかり使っていないでしょうか。コミュニケーションはただと思っている人がいますが、コミュニケーションを行う人も、時間もただではありません。

　会議過多のために、例えば何か物事を考えたり、モノを作ったりする時間が取れずに、プロジェクトが進まないというのは本末転倒。目的を明確にし、過多でも過少でもない、プロジェクト運営に最適な会議実施のバランスを考えましょう。

サンプル：会議体一覧、ツール一覧

■会議体一覧

会議名	目的	伝達内容	頻度・時間	情報送信者	情報受信者	参加者
ステアリングコミッティー(ステコミ)	プロジェクト全体の意思決定	進捗上の懸念事項・課題に関する状況報告全体的な視点からの対応方法の決定・承認	月1回1時間/回	土方 PL	近藤PM	PMPL企画TL開発TL品管TL
定例進捗会議	各作業項目の進捗状況確認及び課題管理	作業進捗上の懸念事項・課題の状況の報告・共有・対策検討	毎週金曜1時間/回	企画TL開発TL管理TL	土方PL	PL企画T開発T品管T
各種分科会	特定のテーマに対する専門的な検討及び確認	個別のテーマで必要な情報の報告・共有・対策検討	週1回1時間/回	各知見者	各分科会責任者	各知見者
各チーム会	各チームのタスク状況確認	作業状況の確認・相談	週1回1時間/回	各TM	各TL	各チーム
…	…	…	…	…	…	…

情報の流れを明記する事により、
責任の所在を明確にする

■コミュニケーションツール一覧

コミュニケーション手法	用途・目的	詳細
メール	システム通知 進捗(WBS)集計結果通知 社外とのやり取り(受発注処理含む)	システム通知や定期配信系の一斉連絡、証跡を残す必要のあるやり取りはメールを用いる。
チャットツール	議事展開 リマインド 質疑応答	プロジェクト内で定義したグループをベースにコミュニケーションを行う。 個別チャットでの情報共有や合意は原則禁止とする。
Web会議ツール	リモート会議招集・開催	会議案内を送付する際にWeb会議のリンクを設定する。
…	…	…

※具体的なツール例

メール	チャットツール	Web会議ツール
Outlook Gmail Yahoo!メール Thunderbird	slack Microsft Teams chatwork LINE WORKS Workplace	Zoom Microsoft Teams Calling Skype Meet Now Google Meet Cisco Webex Meetings

目標に近づいているかをチェック！！

　計画を立てることより、大事なのは目標を達成すること……。

　先輩のアドバイスで、現在のパフォーマンスをどうチェックするか
を考える。

　体重、体脂肪率の数値に加えて、見た目、健康なども確認項目に決定！

私「計画もずいぶん固まってきたし、なんと言うか達成感があるんで
すけど」

先輩「何言ってるんだか。まだ、ちゃんと始まってもいないんだから
ね。目標を立てただけで満足しているんじゃない?」

私「まあ、少し。計画が苦手なボクが、ここまで計画を立てられたと
思うと、ダイエットもうまくいきそうな気がして……」

先輩「一番大事なのは、目標や計画を立てることじゃないからね。こ
れをちゃんと実行して、目標を達成することが大事なんだよ。こんな
ところで満足してちゃダメ」

私「はーい」

先輩「その肝心な目標達成のためには、立てた目標に近づいているの
か、それをチェックしていく必要があるよね」

私「どうやって?」

先輩「それを、あらかじめ決めておかないといけないの。具体的に、
どうやって予定と実績の管理をしていくか考えている?」

私「……。えーと、考えてみます」

先輩にクギを刺され、帰りの電車の中であれこれ考えをめぐらせた。

そして、自宅で──

妻「あら、何やってるの?　昔の写真なんか見ちゃって」

私「この写真覚えてる？ 結婚する前に一緒に海に行ったね」

妻「そうそう。ホントにあなたスリムだったよね。やっぱりメチャ太ったよね。で、この写真どうするの」

私「先輩に、ダイエット目標に近づいているかをどうやってチェックするか考えるように言われたんだ。で、この画像をプリントして、鏡の中の現実と比べるのもひとつかなと」

妻「いいんじゃない、ふふふ」

私「笑うなよ、真剣なんだから。で、毎日風呂上りに、体重と体脂肪率を測定して記録するでしょ。それに、鏡に映る自分と写真と見比べて、ちゃんと近づいたか確認すること。あと、健康も目的のうちなんで、出勤前に体調チェックもしよう！」

妻「それなら、定期的に健康診断に行くのもいいんじゃない？」

私「そうか。ダイエット中は、3か月に1回健康診断に行くことにしよう。よし、決定！ 明日先輩に報告しなきゃ」

目標達成度検査

①風呂上がりに体重と体脂肪率を測定し記録する

②鏡で体型をチェックし、昔の体型（写真）と比較

③出勤前に体調チェック

④3か月に一度の健康診断

ニーズを満たすための
品質マネジメント！！

　プロジェクトというと、何かと納期や予算に意識が向いてしまいがちですが、何より品質がよくなければ顧客は満足するはずがありません。

　顧客のニーズを満たすためにプロジェクトを行うのですから、低品質ではプロジェクトの成功はおぼつかないでしょう。

　プロジェクトのプロセスや成果物の品質を管理する活動が、PMBOKの知識エリアのひとつ、品質マネジメントです。

　このエリアでは、顧客の要求を満たす成果物を作成するために、その品質を管理する方針や計画を立て、パフォーマンスの検証を行うことにより改善活動を行っていきます。

　特に大事なのは、成果物に関する品質だけでなく、成果物を作成する作業のプロセスや内容などが含まれていることです。作業は効率的に進んでいるか、欠陥が発生しにくいプロセスになっているかなどについても、品質マネジメントで検討、確認していきます。

　プロセスで問題が発生した場合には、その原因と対策を共有することで品質を高めることができます。

　顧客のニーズを的確に把握して、それをちゃんとした形にすることが品質マネジメントの目的です。

　これを実現するために、次のように、品質マネジメントの計画を行い、後続の実行プロセス群で品質のマネジメント、品質のコントロールというプロセスを遂行していきます。

・品質マネジメントの計画

　品質の定義を行い、その品質を達成するために適用される方針やプロセスなどについて検討し、これを「品質マネジメント計画書」にまとめます。

単に品質と言っても、非常にあいまいなもの。それぞれの立場や組織などによって、捉え方は違います。まずは、品質とは何か、その品質をどうやって検証するかなどを明確にしておくことが重要です。

計画を作成するには、要求事項文書から顧客の要求を確認してニーズを正確に把握し、同時にリスク登録簿などで品質に関するリスクの情報も確認しておきます。

これらの情報をもとにして、「品質コスト」を評価します。品質コストとは、成果物の品質を保つために支払うコストのこと。欠陥が生じないようにする予防や、品質検査、評価のためにかかる「適合コスト」と、欠陥が発生した場合の対処にかかる「不適合コスト」があります。

品質コストを評価して投資対効果を分析し、品質方針や手順などをまとめていきます。

・品質マネジメント計画書

品質マネジメント計画書には、プロジェクトの品質基準、品質目標、品質に関する役割と責任、品質レビューを受ける成果物とプロセス、品質のコントロールや品質のマネジメントの活動、使用する品質ツール、プロジェクトに関連のある主な手続きなどについて記載します。

■まとめ

- プロジェクト方針や顧客ニーズ、品質リスクを総合的に判断して、成果物およびプロセスに対して担保すべき品質レベルを決定する
- 決定した品質レベルに対して、品質コストとマネジメント方法を決定する

☝ワンポイント

- 品質レベルを満たすために必要最低限のコストで検査が行われることが望ましいです。範囲や回数を合理的に規定して、検査内容を確定させましょう。

Columm

テストも自動化の流れが来ている！

「〇月末までに〇〇の開発を終える」と、開発に集中。ようやく完成にこぎつけ、さあテストという段になって……。

「で、テストは何をやるの？」などというお粗末な状況に陥る場合も、なきにしもあらず。テスト直前になって人を集めたり、場所やモノを調達したりと、非常にあわただしくなることもあります。

　本来、計画プロセスで決めるべき品質の評価方法や、品質基準が設定されていないと、こんなドタバタが起こりがちです。

　品質を測るモノサシも、合格ラインを示す目盛りもなかったら、何をテストして、品質をどう担保するかもわからないのですから、当然と言えば当然かもしれません。

　このようにテスト計画不在のまま発進してしまうプロジェクトは多くあります。特にスタート当初は、開発にばかり目が行って、テストなど先のことと軽視されがちです。

　品質マネジメントの計画プロセスでは、まず、品質の合格基準を作っておくことが重要。そして、テスト計画や定期的にチェックを行うしくみも作っておくことです。

　効率性、正確性のために「テスト自動化ツール」を導入するのもひとつの手です。テストのための、設計、設定、時にコーディングなどが必要ですが、影響がないことを確認するための広範囲での再テストなどをより短時間で遂行でき、生産性の向上に有効です。睡眠をとらなくても、集中力を切らさずに作業の継続が可能なのは、人にはない大きなメリット？！

サンプル：品質マネジメント計画書

1. 品質マネジメント方針

1.1. 品質マネジメントにおける当プロジェクトの特徴

(1) 当プロジェクトが開発するシステムは本社及び現場で勤務する多様なユーザーの使用を想定しているため、高い可用性とユーザビリティが必要となる。

(2) 最終成果物のチェックだけでなく、要件定義や設計段階においても評価を行うことで品質の作り込みを図る。

1.2. 当プロジェクトにおける品質マネジメントの目的

(1) 当プロジェクトにおいて開発するシステムの精度を担保するためには開発段階ごとの成果物品質を十分に確保する事が重要である。

(2) 品質マネジメントにより成果物の品質を確保するための活動を実施する。

2. 品質計画

2.1. 品質管理チームの役割と組織体制

(1) 品質管理チームの役割

プロジェクト内に設置される品質管理チームにより、品質保証および品質管理を実施する。

(2) 品質管理チームの組織体制

チームリーダー：情報システム部　　藤堂

チームメンバー：情報システム部　　鈴木

2.2. 品質管理チームの権限と責任

(1) 品質管理チームは以下の権限と責任を有する。

(ア) 成果物の品質面での作成基準の策定

(イ) 品質レビュー方針の策定

(ウ) 品質レビューの実施

(エ) レビュー後の要改善事項取りまとめ及びプロジェクトへの勧告

(オ) 報告した要改善事項のプロジェクト取り込み状況のモニタリング

2.3. 品質尺度と品質ベースライン

(1) 主要な要素成果物について、品質評価方法を決定する。

(2) スコープ定義書に示されている受入基準は最も優先される品質尺度である。

(3) 主要な要素成果物について、各品質尺度における目標品質を設定する。

3. 品質保証

3.1. 品質保証の方法

(1) 要求事項を満足させるための必要プロセス適切・確実に用いられているか、成果物及び成果物の生成プロセスを監査することにより確認する。

(2) 品質監査の結果は公式の文書に記録する。

(3) 品質監査の結果、不満足と判定される場合は品質管理チームリーダーよりプロジェクトマネージャーに対して是正処置を提案する。

3.2. 品質監査実施ポイント

(1) 変更要求の内容が正しく取り込まれているか。

(2) 変更要求を取り込むプロセスは適切な手順を踏んでいるか。

(3) 欠陥修正の内容が正しく取り込まれているか。

(4) 欠陥修正を実施するプロセスは適切な手順を踏んでいるか。

3.3. 品質監査結果のフィードバック

監査結果は以下の区分で取りまとめ、公式の文書で統合変更管理プロセスに提出する。

(1) 要求済み変更及びその内容

(2) 提案済み是正措置及びその内容

4. 品質管理

4.1. 品質管理の方法

(1) プロジェクトスコープに基づいて設置されるマイルストーン単位でのレビューを実施し、品質目標を満たしているか確認する。

(2) レビューの結果は公式の文書に記録し、プロジェクトマネージャーに通知する。

(3) レビューにおいて指摘された欠陥及び改善点に対する修正状況は報告を求め、修正内容について再度レビューを行う。

4.2. マイルストーンとレビュー対象要素成果物

マイルストーン	レビュー対象成果物
プロジェクト計画策定時	プロジェクト計画書
要件定義終了時	要件定義書
外部設計終了時	外部設計書
…	…

4.3. レビュー合格基準

(1) レビューにおいて検出した欠陥が100%修正されている事。

…

リスクの洗い出しと対応は？

　子どもと遊んでいて、突然足がつってしまった私。

　妻にも、先輩にも半ば呆れられるが、ダイエット中に、また何が起きるかわからない。

　そんなリスクをあらかじめ洗い出し、対応を考えておくことを勧められる。

　休日の昼下がり、家族と公園で過ごす。やんちゃ盛りの長男は、公園中を走り回って大はしゃぎ。3歳児のパワーは侮れない。息子を追いかけ回していたときに、突然足に激痛が走った！

私「わぁーっ。う、う、う……　だめだ、こりゃ。痛い！！」

息子「パパ、どうしたの？　ママー、パパが大変だよー」

妻「ちょっと、何やってるのよぉ」

私「あ、足がつっちゃった！　ダメだ、動けない……」

娘「パパー、死んじゃイヤだ。パパー」

妻「大丈夫よ、死んだりしないから。もうっ、こんな運動不足でダイエットやトレーニングなんて始めて大丈夫なの？　パパったら、困ったわね」

　妻の言葉に少々不安になった私は、翌日、会社でさっそく先輩に相談すると──

先輩「えっ、足がつった？　情けないなー。でもさ、ダイエット、というかプロジェクトがスタートしたら、いろいろ想定外のことが起こるからね。プロジェクトの進行の妨げになるようなリスクを事前に洗い出して、あらかじめ対策を考えておく必要があるんだよ」

私「リスクかぁ。なるほど今回みたいなことだけでなく、ケガや病気、それに仕事が立て込んで時間が取れないこともあるかもしれないですね。あ、家族に何かないとも限らないし」

先輩「そういうこと。ふだん通りにダイエットを実施するのが難しくなる状況なんて、いくらでもあるはずだからね。そんな場合どうするのかを決めておけば、イザという時にあわてたり、計画を中断したりしなくてすむんだよ」

私「はい、ちゃんと考えてみます」

帰りの電車の中で、あれこれ考えを巡らした。不意に、足がつったとき、痛がる自分を見て泣き出した娘の顔を思い出しながら、ひとり言。
「家族のためにも、ホントに目標達成しないとな。しっかりリスク計画も立てなきゃ。まず仕事が立て込んだら……」

リスク対応策

・仕事やその他の理由で、時間が取りにくいときには、短時間でできる筋トレの比率を増やして有酸素運動を減らす。

・ケガや病気のときには、まずトレーナーに状況を報告すること。一緒に対策や再開時期を検討する。

転ばぬ先の……リスクマネジメント

　何に取り組む場合でも、予定外のアクシデントはつきもの。プロジェクトマネジメントでは、この予定外のこと、つまり、もしそれが発生するとプロジェクトの進捗などに影響を及ぼす可能性のあることをリスクと言います。

　リスクは、まだ発生していない不確かな事象であり、これに対処する活動がリスクマネジメントです。

　リスクは悪影響を及ぼす場合だけでなく、プロジェクトにプラスとなるものもあります。マイナスのリスクを防ぎ、プラスのリスクを活用する。これが、リスクマネジメントの目的です。

　リスクマネジメントの活動は、次の手順で進めていきます。

①リスクマネジメントの計画

　リスクの特定から、分析、対応計画、実行、監視までリスクマネジメント活動を行っていく方法を決定します。

　活動の実行レベルやリスクの評価基準を明確にしてリスクマネジメント計画書を作成します。

②リスクの特定

　発生する可能性のあるリスクを洗い出します。リスクマネジメント計画書のほか、コスト、スケジュール、品質マネジメントの計画書などをレビューして特定します。

　また、過去の類似のプロジェクトの情報、ブレーンストーミングなどを活用して洗い出し、「リスク登録簿」にまとめます。

③定性的リスク分析

　洗い出したリスクの発生確率と影響度を査定して、対応のための優先度をランク付けします。主として、5段階、3段階評価などで等級分けをします。

定性分析の結果をリスク登録簿、リスク報告書に記載します。

④定量的リスク分析

リスクがプロジェクトに与える影響度を数値化して、対応する優先順位を付けます。目標とする納期や予算などに対する影響を、日数や金額など具体的な数値によって評価します。

定量的リスク分析の結果を、リスク報告書に記入します。

⑤リスク対応の計画

リスクの分析結果をもとに、各リスクに対する対応方法を検討します。プロジェクトにとってマイナスの影響は抑え、プラスの影響は高めるような対応にします。

プロジェクトにマイナスとなるリスクの対応方法としては、リスクを排除する「回避」、影響を第三者などに移転する「転嫁」、発生確率や影響度を減らす「軽減」、積極的な対応を行わない「受容」の4つがあります。

また受容が選択されたリスクが生じた場合、特定の事象が発生したときだけ対策を講じる「コンティンジェンシー対応戦略」をとったり「専門家の判断」を仰いだりする場合もあります。

プラスのリスクに対しては、好機を確実にする「活用」、第三者と共有する「共有」、発生確率や影響度を高める「強化」、対策をしない「受容」があります。

対応方法を決定したら、プロジェクト文書更新版としてまとめます。リスクが発生した場合に、事後対策を適用するきっかけも明らかにしておきます。

■まとめ

- プロジェクトにおけるリスク（不確定要素）を洗い出す
- リスクに対して対応優先度をつける（影響の大きさ×発生確率）
- マイナスリスクを顕在化させないための対応方針を決める
- マイナスリスクが顕在化した場合の対応方針を決める
- リスクチェックプロセスを確立する

☞ ワンポイント

- リスクの洗い出しにおいては、「きっと発生しないだろう」という楽観的な発想ではなく、「少なからず発生する可能性はある」という悲観的発想で、広く洗い出すようにしましょう。また洗い出し観点の異なる複数メンバーで検討することをおすすめします。

Columm

そんなの今考えてもしょうがない？

　夏、オリンピックが開催されるから、その期間は都心部でネットワーク配線工事はできなくなるらしい……あるプロジェクトの計画で、リスクポイントとして実際に挙がったことです。

　作業ができなければ、当然プロジェクトに大きな影響が出ます。これが現実になったとき、いち早く的確な対応ができるよう、そのリスクについて毎月チェックも行われています。

　オリンピックのような大イベント、災害、政変や法律改正などが、プロジェクトを初めさまざまな分野に影響を及ぼすことは想像に難くありませんが、ほかにも調達先からの納品遅れ、人員補充不足……リスクとなり得ることは多くあります。

　にもかかわらず計画段階でリスクの洗い出しの必要性を説いても、"今、目の前にないリスク"は軽くあしらわれがち。「そんなこと、今考えてもしょうがないでしょ」と相手にされないことも少なくありません。

　それでも、リスクを洗い出しておくことは大切です。発生したら、どんな影響があるか。どう対応するか。発生させないためにはどうするか…等々考えておくことです。また、洗い出したリスクを定期的に見直すことも必要です。

　中には、想定していてもどうにもならないリスク、例えば、手を打つにはコストがかかりすぎるなど腹を括るしかないケースもあります。発生したら大変なことに変わりはないものの、意識しておくだけでも、課題に直面したときの気持ちは違います。洗い出しておいたうえで腹を括る、つまり受容を決めたのだ、というプロセスが大事なのです。

サンプル：リスク登録簿

- プロジェクトの計画段階で発生する可能性のあるリスクを洗い出し、対応方針、担当などを一覧形式で記述したもの
- プロジェクトやリスクの状況に伴って随時更新が行われる

■リスク登録簿

#	リスク内容	戦略	担当	予防対策	発生時対策
1	リリース予定日に開発が間に合わない	軽減	近藤	週1回の進捗報告定例会議を設け、遅延発生の際には都度対策を検討する	
2	要件定義確定後に大幅な要件変更が発生する	回避	近藤	仕様変更管理ルールを厳格に定める	
3	経営方針の変更が発生し、大規模なプロジェクト変更が実施される	軽減	近藤	関係各所に対して随時プロジェクト変更の情報を確認し、早急に対策を検討する	
4	性能目標値が変更されサーバー性能が不足する	受容	土方	あらかじめ高い性能目標値でもカバーできるサーバーを導入する	
5	新規開発ツールの習得が困難で開発スケジュールに遅れが発生する	転嫁	斎藤	新規開発ツールに対して知見のあるメンバーをアサインする	
…	…	…	…	…	…

「受容」以外の発生時対策は実行フェーズにて検討する

ストーリー 説明 ポイント サンプル

・発生確率・影響度マトリックスは各リスクの重大度、影響度や危険度などの定性的な分析を行う際に用いられる

・発生確率・影響度をそれぞれ5段階（極めて低い・低・中・高・極めて高い）に分類し、各リスクの対応戦略を決定する

■発生確率・影響度マトリックス

			影響度		
	0.05	0.1	0.3	0.6	0.8
90%	0.05	0.09	0.27	**0.54**	**0.72**
70%	0.04	0.07	0.21	0.42	**0.56**
50%	0.03	0.05	0.15	0.30	0.40
30%	0.02	0.03	0.09	0.18	0.24
10%	0.01	0.01	0.03	0.06	0.08

発生確率

凡例:

| 回避 | 転嫁 | 軽減 | 受容 |

・影響度に関しては一般的な指標はないためプロジェクトごとに指標を定義する必要がある

■影響度の基準

	極めて低い (0.05)	低い (0.1)	中 (0.3)	高い (0.6)	極めて高い (0.8)
コスト	コスト増 1%未満	コスト増 1〜10%	コスト増 11〜20%	コスト増 21〜40%	コスト増 41%以上
スケジュール	期間延長 1%未満	期間延長 1〜5%	期間延長 6〜10%	期間延長 11〜20%	期間延長 21%以上
品質	軽微な品質劣化	限定した用途にのみ影響	品質低下に意思決定者の承認が必要	品質低下を意思決定者が許容しない	最終成果物が実用に耐えない

・発生確率・影響度マトリックスを用いて各リスクの分析を行い、それぞれのリスクに対して「回避」「転嫁」「軽減」「受容」の戦略を設定する
・設定した戦略に則ってリスク対応策を検討する

■リスク対応戦略

種類	詳細
回避	プロジェクト目標に対するリスクを除去する、またはリスクの影響から守るためにプロジェクト計画を変更する
転嫁	リスクの発現結果をリスク対応の責任と共に第三者へ移管する (リスクを取り除くことではない)
軽減	発現確率と発現結果の両方またはいずれかを受容可能な限界まで下げる
受容	リスクに対処するためのプロジェクト計画変更を行わない

Part IV

実行

プロセス群の説明

プロジェクトを計画に沿って実行するために

目標の達成に向けて作業を実行

　計画の作成が終了したら、その計画にもとづいて実際にプロジェクトを実行していきます。これが、実行プロセス群です。

　PMBOKでは、「プロジェクトの要求事項を満たす目的で、プロジェクトマネジメント計画書に定義された作業を完了するために実施されるプロセス群」と定義されています。

　要するに実行プロセス群では、プロジェクトの目標達成のために、策定した計画に従って作業を実施するということです。

　もっとも実行プロセス群において、マネジメントが実施するのは、資源やコミュニケーションなど人の管理に関わる活動が主体となります。

　プロジェクトに必要な人や資源の調整を行って、プロジェクトの作業を適切に進められる環境を整え、問題が生じた時に対応しやすいしくみ作りを行います。

実行と並行して監視・コントロール

　プロジェクトが始動し実行が進んできたら、これと同時に、作業が計画通りに進行しているかどうかの監視が必要になってきます。

　この監視の活動を行うのが、プロジェクトの監視・コントロールプロセス群です。

　PMBOKでは「プロジェクトの進捗やパフォーマンスの追跡、レビュー、統制を行って、計画の変更が必要な分野を特定し、それらの変更を開始するためのプロセス群」と定義しています。

　つまり、作業はスケジュールに沿って進んでいるか。予算オーバー

していないか。品質の基準はクリアできそうか……等々、プロジェクトの状況を継続的に監視し、設定された計画との間に差異が生じていないかをチェックする必要があるのです。

　そして、差異が発生している場合には、差異を解消するための対応を行います。必要に応じて是正することによってプロジェクトをコントロールするわけです。

　この差異を解消するための対応を変更要求といいます。これは、統合マネジメントの統合変更管理によってコントロールされます。

　PMBOKで定義されている5つのプロセスは、立ち上げから計画、そして実行と、時間の経過、作業の進捗とともに進んできて、この後、終結へと向かいます。

　この流れの中で、少々特殊なのが監視・コントロールのプロセス群で、計画をもとに実行中の活動の監視を行い、計画のズレを修正していくわけですから、計画プロセス群、実行プロセス群と影響し合いながら進んでいくことになります。

　特に、実行プロセス群とは並行して活動が継続されるため、この章では、実行プロセス群、監視・コントロールプロセス群を一緒に説明していきます。

ファッショナブルにカッコよく？

開始から2か月、ダイエットは順調に進行中。
子どもたちの「カッコいい」パパを目指すなら、
服装にもこだわるといいかも……と、ふと思いつく。
そんな私に、先輩からのアドバイスは？

先輩「お、ずいぶんダイエットの効果も出てるみたいだね。すっきりしてきたよね」

私「ありがとうございます！　ところで、子どもに『パパ、カッコいい』って言われるために、いっそのこと服装なんかも変えていこうかと思ってるんですけど。こういうのって、スコープマネジメントで考えればいいんですよね」

先輩「そうだね。ちなみに、どんなふうに変えるつもりなの？」

私「雑誌とか見て、いろいろ買って試してみようかなって。その中から、自分に合う服を見つけていこうと思ってます！」

先輩「ふうん。それってさ、コストにも関係してくるでしょ？　家計的には大丈夫なの？」

私「あぁ、そうか。ということは、コストマネジメントで考えなきゃいけないんですかね……？」

先輩「惜しい！　コストマネジメント"でも"考えるんだよ」

私「えっ、どういうこと？　どっちでも考えないといけない？」

先輩「実際にプロジェクトをやっていると、今回みたいに複数の管理項目にまたがって考えなきゃいけないってことは、けっこう多いんだよ」

私「へえ、そうなんですね」

先輩「うん。そういう場合には、各マネジメント・エリアでも考えつつ、統合マネジメントで全体のバランスを調整する必要があるってい

うわけ」

私「なるほど。家計にもちょっと関わることだし、妻と相談したほうがよさそうですね」

　家に帰り、ボクのファッション改造計画について妻にも聞いてみた。ふだん服装など気にしない自分が、急にこんなことを言い出したせいか、ちょっと驚きながらも感触は悪くない……。

妻「本当に？　おしゃれしようなんて素敵！！　ただし、今じゃなくてもいいんじゃない？　そんな余裕があったら、ダイエットのほうの予備費にしたほうがいいと思うけど」

私「それもそうだね」

妻「第一、今新しい服を買っても、これからもっと減量するわけでしょ？　体型も変わるんだよ。新しい服が合わなくなったら、もったいないじゃない」

私「そうだった！　よし、ダイエットが終わって、目指す体型になったところで、ファッションについては動き出そうっと！」

ボクのファッション改造計画
コスト、品質、スコープなどの観点から検討し、
統合マネジメントで調整した結果、ダイエット
の目標を達成してから始動することにする！

作業を指揮、コントロールして成功へとリード

計画がまとまったら、いよいよ行動あるのみ。ゴールに向かって、ひたすらやるべきことをやっていきます。その指針になるのが、綿密に立てられた計画です。

プロジェクトは、実行プロセスへ進みます。計画プロセスで作成したプロジェクトマネジメント計画書は、プロジェクトの実行中を通してずっと、プロジェクトマネジメントの意思決定の基準となります。

統合マネジメントでは、実行プロセスにおいては、プロジェクト作業の指揮・マネジメント、プロジェクト知識のマネジメントを担っています。

これと並行して、監視・コントロールプロセスにおける、実行中の作業の監視・コントロールや統合変更管理を行うことになっています。

①プロジェクト作業の指揮・マネジメント

プロジェクトマネジメント計画書に沿って、プロジェクト実行の指揮をとっていきます。そして、プロジェクトの目的を達成するために、さまざまな作業をマネジメントし、成果物を作成します。

プロジェクトの実行を通しては、計画通りに進まないことも起こります。目的達成のため変更要求が発生し、承認のプロセスを経て実行されます。

その実行方法としては、作業の進行を計画に沿うよう指示する「是正処置」、リスクの発生確率を抑える指示を出す「予防処置」、プロジェクト構成部品の欠陥を特定し修正勧告をする「欠陥修正」などがあります。

②プロジェクト知識のマネジメント

プロジェクトの目的達成のために、これまでに培われた知識を活用して、新しい知識を生み出します。

　また、実行中のプロジェクトから得られた教訓や、説明が難しい作業の進め方などを文書化して、組織の知識とします。

③プロジェクト作業の監視・コントロール

　作業の進捗状況などを測定、評価して、対策を講じるのが、監視・コントロールの作業です。

　各知識エリアから集めた作業パフォーマンス情報を計画書と比較し、スケジュールやコストを確認します。計画との差異が生じている場合、必要があれば変更要求を検討します。

　また、プロジェクトの状況を示す作業パフォーマンス報告書を作成します。これは、実行された作業のスケジュールやコストの状況などの作業パフォーマンス情報を集約して、プロジェクト全体の状況を報告書にまとめたもので、ステークホルダーに配布されます。

④統合変更管理

　プロジェクトマネジメント計画書をはじめ各文書への変更をマネジメントし、それらの決定事項を伝達するプロセスが統合変更管理です。

　つまり、各文書への変更要求があったとき、すべての変更要求を検討し可否を判断。変更した場合には、内容を共有します。

　他の知識エリアからの変更要求は、変更管理委員会の承認を経て、①のプロジェクト作業の指揮・マネジメントのプロセスにより実行されることになります。

■まとめ

- 計画に沿って作業を実行する
- 進捗状況を測定／評価し、対策を講じる
- 計画と差異が生じている場合、必要に応じて変更要求を検討する
    - 是正処置：軌道修正して計画に沿うようにする
    - 予防処置：今後同様の理由で遅れないようにする
    - 欠陥修正：成果物に問題があるので修正する

🖐 ワンポイント

- プロジェクトを実行する際に、「進んでいる／遅れている」「余っている／不足している」「良い／悪い」を判断する元になるのが「計画」です。プロジェクトが終結するまで、途中の計画変更を含めた計画書の鮮度を維持するようにしましょう。

プロジェクトは思いもよらぬことばかり？！

どんなに素晴らしい計画を作成しても、実際に作業を始めてみれば、思いもよらないことだらけ。にもかかわらず、当初の計画に固執しすぎるあまり、プロジェクトが目的からそれてしまうようなことがあったら、本末転倒です。

目的達成のために、計画段階では想定していなかった対応が必要になったら、計画を変更してでもやるべきときもあります。

このコロナ禍はオリンピックの延期を初め多方面に影響を及ぼしています。企業やプロジェクトでも、さまざまな形での対応を余儀なくされています。

例えば、コロナ禍の影響によるリモートワークは想定外で、「皆が顔を合わせた場で合意をとってプロジェクトを進める」とある計画書を変更せざるを得ないということもあるでしょう。

実行していったら、想定外のタスクが必要になった。計画で決めたスコープ以外のことが必要になった。計画していた以上に時間がかかることが判明……いろいろなことが起こります。

そんなとき、計画にない対応を行うべきかどうかは、十分に検討を尽くす必要があります。その結果、「計画以外のことはやらない」という結論に至ることもあるでしょう。

その場合、明確な理由を示すことが必須です。単に「計画書に書いていないから」などの理由では、後々問題になる可能性大。「計画以外の対応が必要なことは認識したうえで、コストやスケジュール、対応しなかった場合の業務影響などを検討した結果、今回は対応しないという判断をくだした」など、なぜその結論に至ったかの理由は整理しておくべきです。

結論を出すに至ったプロセスこそが、実は非常に重要なのです。

サンプル：進捗報告書

PJT	社内システム・ツール最適化プロジェクト	報告期間	報告日	報告者
チーム名	プロジェクト全体	2021/4/19～4/23	4/23	土方

全体進捗状況 ●○○	● 企画/開発間にて要件合意に向けたすり合わせ実施中。目立った遅れ無し。

スコープ	●○○	● システム改修範囲の変動はなし。
スケジュール	○◐○	● レビュータスクがやや遅延している。開発内部定例会を利用しリカバリできる見込み。
コスト	●○○	● 3月以降要求定義、要件定義の過程にて、全体予算からの変更・超過は現時点で発生していない。
品質	●○○	● ステークホルダー要求項目に対して、システム要件項目が定義されているか品質管理チームを中心にチェックを実施している。
調達	●○○	● 設計工程に向け、体制調整を開始。
ステークホルダー	●○○	● ステアリングコミッティーへの報告会に向けて関係者の調整を実施。

大きな会議体への報告ではスピーディーな報告が
求められるため、直感的に状況が分かる形式の
報告が望ましい。

PJT	社内システム・ツール最適化プロジェクト	報告期間	報告日	報告者
チーム名	プロジェクト全体	2021/4/19〜4/23	4/23	土方

全体進捗状況

●●● ● 関係者との顔合わせが完了し、移行方針書作成のためのインプットを取得中

今週の作業実績	次週の作業予定
・関係者との顔合わせ：完了 ・ASIS把握 　- システム洗い出し：継続 　- 業務洗い出し：着手	・ASIS把握 　- システム洗い出し：継続 　- 業務洗い出し：継続 　- 担当者ヒアリング：新規 ・移行方針書：プロット着手

マイルストン	課題/リスク/依頼事項
5月中旬：移行方針書ドラフト完成 5月末：移行方針書完成 6月中旬：移行計画書ドラフト完成	■課題：なし ■リスク ・想定外の業務が発見される可能性 (5末頃) ■依頼事項 ・インフラチーム：移行の方向性に関してmtg設定させていただきたい

当初の目的からズレていない？

体重は順調に減少中。

はっきりと結果が見えてくると楽しいもので、ジムでのトレーニングにも熱が入るようになってきた。

周囲を見回す余裕が出てくると、ほかの人たちの身体がやたら気になる。その中でも特に、ボクの視線を釘付けにしたのは？

先輩「この頃、ずいぶんすっきりしてきたな。ダイエット順調そうだね」

私「ええ、おかげさまで。実は最近、ジムでボディービルをやっている人と知り合ったんですけどね、これが凄いんですよ！」

先輩「ボディービルの大会に出てくるみたいな……？」

私「実際にあんな身体を目の前で見ると、驚きですよね。そりゃもうムッキムキだし、体脂肪なんか3％なんですって！」

先輩「それは、凄いな」

私「でしょ？ せっかく筋トレをするなら、ボクもあれくらいを目指そうかな。まあ、時間はかかりそうだけれど」

先輩「おいおい。やる気になるのは大いにけっこうだけれど、当初のスコープとズレてきてないかい？ そもそもの目的は、子どもにカッコいいって言われることだったよね」

私「はい、おっしゃる通り」

先輩「実際のプロジェクトが進んでくると、スコープがズレてくることがけっこうあるんだよね。だから、定期的にスコープがズレていないかを確認したほうがよいと思うよ」

私「確かに。ちょっとズレているかもしれませんね。子どもがどう思うかってこと考えてなかった。子どもたちに"パパ、カッコいい"って言われたくて始めたのに……。」

先輩「そういうこと」
私「家に帰ったら、聞いてみよう」

数日後、社食で先輩とばったり——

私「この間の筋トレを頑張る件ですけど、子どもたちにボディービル
の動画を見せたら、下の子なんて怖がって泣き出す始末でした……」
先輩「ホントに？　そりゃ、パパの身体じゃなくてよかったな」
私「それに、妻は体脂肪率をそんなに落とすのは健康に悪いって。ま、
考えてみたら、ボクがそんなストイックになれる気がしないし、やっ
ぱり最初に目指してた体型を達成します*!!*」

初志貫徹！
「パパ、カッコいい」と言われるために、やせていた昔の体型を取り
戻す……開始当初に掲げた目標を定期的に確認する！

計画とのズレを見逃さない！！

　プロジェクトでもすべてが予定通り、とんとん拍子に進行するなどということは、まずあり得ません。

　この実行エリアにおいて、スコープに関する指揮は、統合マネジメントの作業の指揮・マネジメントに集約されます。

　スコープマネジメントでは、プロジェクトスコープ、成果物スコープが計画と乖離しないように、監視・コントロールする必要があります。

　このプロセスにおけるスコープマネジメントの作業は、次のように、スコープ妥当性の確認、スコープのコントロールの２つがあります。

①スコープ妥当性確認

　ここまでの作業によってできた成果物を、クライアントなどに確認をしてもらう作業。成果物が、要求事項と受け入れ基準をクリアしているかどうかを検査します。

　PMBOKでは「完成したプロジェクトの成果物を公式に受け入れるプロセス」とされており、品質マネジメントで行っている「生成した成果物が規定されている品質要求事項を満たしているかを確認するための検査」とは異なり、顧客が成果物を公式に受け入れるかを検査するものです。

　成果物は、品質マネジメントのプロセスで品質が確認されると「検証済み成果物」となり、スコープマネジメントの妥当性確認によって正式に受け入れられることにより、「受け入れ済み成果物」となります。

②スコープ・コントロール

　実行中のプロジェクトにおけるプロジェクトスコープと成果物スコープを監視します。

　計画プロセスで作成したプロジェクトスコープ記述書、WBS、WBS辞書（WBSの各要素の詳細を記したドキュメント類）の3つから構成される「スコープベースライン」をもとにして、このベースラインに対する変更を管理するプロセスです。

　プロジェクトの進捗状況を監視し、成果物の作成状況などをスコープベースラインと照らし合わせながら、進め方や方向性などを確認します。

　ベースラインとの間に差異が確認された場合には、その原因などの分析を行い、スコープベースラインに沿うように是正処置案を作成します。

　この是正処置案にもとづき、統合マネジメント・エリアの統合変更管理プロセスに対して変更要求を行って、これを処理します。

■スコープの追加変更管理

　計画時点のスコープをスタートラインとして、実行フェーズを進める中でどのような理由で、スコープが追加、変更、取下げになったのかを管理する

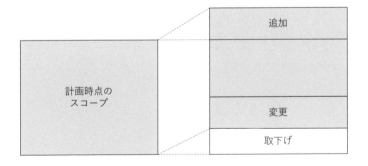

■まとめ

- 要求通りのものができたかどうかを「顧客が」判断し、正式に受け入れてもらう
- 計画で策定した「作業」や「成果物」に変更が必要かを見定める
  - 前提条件 / 制約条件の変化
  - 顧客ニーズの変化
  - リスク発生による影響　など

ワンポイント

- プロジェクトが実行段階に入ると、計画時点では見えなかったスコープの漏れやスコープの追加が発生するケースがあります。しかし闇雲に全ての変更要求に応えていくと、予算や納期へ影響が出てしまい、プロジェクトが頓挫する事態に発展しかねません。QCD の優先順位に従って適切にスコープ調整するようにしましょう。

スコープをコントロールして、目的を達成する！

プロジェクトが進んでくると、最初は見えなかったいろいろなことが見えてきます。ときには、スコープを変更しなければいけないことも出てきます。

特にスコープを縮小する場合には、業務への影響を十分に考慮すること。例えば、売上げ連携のあるプロジェクトで、サーバ側処理は実装したもののシステム間連携処理の開発が間に合いそうもない……そこで、スコープ縮小の話になりますが、連携タイミングが日次処理のままとなったことで、当初想定のリアルタイムでの売上げ確認ができない状況に……などなど。機能影響だけでなく、業務側への影響についても明確にする必要があります。

またプロジェクトの進行に伴い、システムの利用者から、「これもちょっとやって」「ここはこうして」などと要望が増えることがあります。業務側からすれば「ちょっと」が、システム観点では非常に大変なことも。安請け合いをしようものなら、多大な影響をプロジェクトに及ぼしかねません。

できるだけ受けてあげたくても、スケジュールやコストは無視できない……。かといって、むげに断ることもできない。

そんな場合には、「じゃあ、それをやる代わりに、こちらを我慢しては?」というように、受け入れるところ、我慢するところを交渉して、当初のスケジュールやコストに納まるようにスコープを調整することが重要です。

計画で決めたことを変えないことが正しいとは限りません。重要なのは"変える""変えない"ではなく、スコープをコントロールしてプロジェクトの目的を達成することなのです。

サンプル：変更要求一覧

#	タイトル	起票日	起票者	発生フェーズ	要求内容	対象範囲
1	精算ツールに表示されるファイル名の修正	3月26日	沖田	要件定義	請求業務で使用している精算ツールのメニューに表示されるファイル名を正しいものに修正したい	システムB ツールY
2	ポータルサイトログインページのデザイン変更	5月10日	土方	設計・製造	社内ポータルサイトのログインページのデザインを変更したい	社内ポータルサイト
3	…	…	…	…	…	…

・スコープ、資源、スケジュール、コスト、リスク、品質などの確認を経て、変更要求が必要な施策をまとめます。

・各変更内容は何か、なぜ変更が必要か、変更範囲はどこまでか、各変更をする理由や影響範囲は何か、資源・スケジュール・コスト・リスク等の影響はあるかなどの情報を一覧化します。

影響範囲	優先度	変更前	変更後	担当者	対応期限	ステータス
請求業務において、経理部の担当者が混乱する可能性がある	低	実際のファイル名と異なる表示となっている	実際のファイル名と同一のものが表示される状態にする	斎藤	4月30日	完了
社内ポータルサイト利用時にログインエラーが発生しやすい	中	ユーザーIDウインドウがデフォルトで全角入力になっている	ユーザーIDウインドウをデフォルトで半角入力にし、全角での入力をできないように設定する	斎藤	5月31日	対応中
…	…	…	…	…	…	…

■主な変更要求の種類

名 称	内 容
是 正 処 置	現在進めている作業の軌道修正を行い、作業実績を計画書に合わせる
予 防 処 置	今後作業実績が計画から乖離しないようにする方法
欠 陥 修 正	生成した成果物が要求を満たしていない場合、その成果物を修正する方法
更 新	クライアントからのスコープ内容追加や、追加のアイデア発生

Part IV 実行

スケジュールの遅延を取り戻す！！

スタートから2か月ちょっと。順調に成果を上げてきたダイエットだったが……。

会社は新年度を迎え、人々の出入りとともに相次ぐ歓送迎会。

外での飲食が増えるほどに、右肩下がりだった体重の推移は、減り方がスローになってきた。

この難局を乗り切るために打つべき手は？

先輩「あれ、どうしたの？　この頃、ちょっと元気ないんじゃない？見た目ではダイエットの効果上がってるみたいだけど」

私「そうですか？　実は先月までは、順調に体重が減っていたのに、今月になって予定通り減らないんです。7kg減くらいから止まっちゃったみたいで……」

先輩「原因に何か心当たりはあるの？」

私「それが、4月になって新人が入ってきたじゃないですか。歓迎会やなんかで外食がぐんと増えちゃって……」

先輩「確かに。まあ、それは一時的なことだし仕方がないよ」

私「でも、せっかくうまくいっていたのになー」

先輩「大体、すべてが計画通りにいくことなんて無理な話だよ。実際のプロジェクトでも、そんなことめったにないし、今後どう対応するかをしっかり考えていこうよ」

私「どうすればいいんだろう。プロジェクトでは、まず何をするんですか？」

先輩「そうだな、遅れてしまったスケジュールを何とか元に戻すってことだからね……」

私「ゴールを少し先にするとか？　いやいや。秋になったらもう、海水浴でカッコいいところ見せられないし……」

先輩「スケジュールが遅れてしまった場合の代表的な対応策としては、まず1つめは、コストや工数をかけて遅れを取り戻す」

私「トレーニング方法や時間を増やしたり、ふだんと違うダイエット食やカロリー制限の方法なども取り入れるってこと？　で、2つめは?」

先輩「求める品質を落とす」

私「目標を10kg減くらいにするってこと?」

先輩「3つめは、納期の遅延を許容すること。でもこの選択肢はないんだよね。まあ自分の状況だとどういう選択がいいのか、じっくり考えてみればいいんじゃないの?」

私「はい。妻やトレーナーさんとも相談して考えてみます！」

　後日、先輩へ報告したことは、次の通り——

スケジュール遅延の対応策

・スケジュールの延長は行わない

・外食が予定されている日の昼食は、カロリーを減らすこと。妻の推しメニューを聞く。

・一時的に有酸素運動の回数を増やすこと。

プロジェクトは計画通りに
進んでいるか？

　どんな作業にも、遅延はつきものです。さまざまな原因から、スケジュールの変更を余儀なくされることは決して珍しくありません。

　だからこそスケジュールマネジメントにおいては、プロジェクトの実行を通じて、監視・コントロールのプロセスが重要になります。

・スケジュールのコントロール

　スケジュールのコントロールは、プロジェクトの進捗を的確に把握するために状況を監視し、スケジュールベースラインに対する変更を管理するプロセスです。

　各作業が順調に進んでいるか。予定から大幅に遅れているところはないか。現在のプロジェクトの進行状況などを確認し、スケジュールの変更をもたらすアクティビティを察知して調整を行います。

　変更が必要な場合には、その原因を追究して改善のための変更要求を検討し、統合マネジメントの統合変更管理プロセスの一部として対処していきます。

　スケジュールのコントロールでは、次のようなパフォーマンスレビューやスケジュール短縮などの手法を使って、調整や分析、測定を行います。測定された作業パフォーマンスの結果を文書化します。

・パフォーマンスレビュー

　実際の開始日や終了日、完了パーセント、残りの所要期間などのスケジュールパフォーマンスを測定し、計画と実績を比較、分析します。「アーンドバリューマネジメント（EVM）」の手法によって計画と実績を評価する場合は、出来高（EV）、実コスト（AC）、計画値（PV）を比較して、パフォーマンスを測定します。

・スケジュール短縮

　遅れているアクティビティをベースラインに沿ったものにするために、「クラッシング」と「ファストトラッキング」というスケジュール短縮の手法が使われます。

　クラッシングは、コストを追加することで短縮を図り、ファストトラッキングは、先行アクティビティの完了前に後続アクティビティに着手することで期間の短縮を図ります。

・作業パフォーマンス測定結果

　コスト差異（CV）、スケジュール差異（SV）、コスト効率指数（CPI）、スケジュール効率指数（SPI）などを数値化し計画と比較して、パフォーマンスを判定します。

　特にスケジュールで注目すべき指標は、SVとSPI。SV＝EV－PV、SPI＝EV÷PV　で算出できます。

　SPI＝1の場合は予定通り、SPI＜1の場合は遅れていると言えます。

■まとめ

- スケジュールの予実を確認する
  EVM では、スケジュール差異（SV）、スケジュール効率指数（SPI）に着目する
- 遅延している（しそうな）場合は原因を究明し、リカバリに努める

※リカバリ方法：クラッシング（人を追加する）、ファストトラッキング（前タスク完了前に後続タスクを開始する）

など

☝ワンポイント

- スケジュールの進捗をチェックする際には、目的に応じて進捗率と達成率を使い分けるようにしましょう。
  - 進捗率：ある活動の完了状態に対して、どこまで進んでいるかを示す指標（0 〜 100%）
  - 達成率：計画で設定された現時点の目標数値に対して、どこまで達成できたかを示す指標（0%〜無限大）

リスケジュールは精緻に、余裕をもって

　プロジェクトが進行すると、計画通りにいかないこと、予定通りにいかないことが起きがちなことは、何度も述べています。

　スケジュールの変更が必要になることも少なくありません。ただ、「予定が2か月延びます」と変更した翌月に、「もう1か月延びます」「実は、あと1か月」などと次々に変えていたら、「結局いつ終わるんだよ」と、まず信用ガタ落ちです。

　リスケジュールを行う際は、できるだけ精緻に先々を見積もり、検討範囲は広く余裕をとる必要があります。

　ところが、例えばテストフェーズが3回に分かれていて、1回目に1か月以上延びることが判明。この時点では、「テストが1か月延びそう」と言えても、「最終的に3か月以上延びそう」とは言いにくいものです。

　でも実際は、1回目で1か月延びたら、2回目、3回目も同じように延びるはず。2回目、3回目は大丈夫……などの希望的観測は最悪の事態を招きかねないのです。

　問題があるなら、早めに変更を。リスケジュールの結果、別の問題、特に他のプロジェクトに影響を及ぼすようなことも見つかることがあります。関連する他の問題を早期発見するためにも、ダメなスケジュールは早く見切りをつけることです。

　中には、メンバーが問題に気づいていながらも、影響の大きさから言い出せずにいることもあります。後から言われて「早く言ってよ」というケース……風通しのよいコミュニケーションも大切です。

サンプル：パフォーマンスレビュー分析

■週次スケジュール

| # | タスク | 担当 | 予定 | | 7月 | | | | … |
			開始	完了	7/5w 月	7/12w 火	7/19w 水	7/26w 木	…
	テスト								
	…	…							
	機能B								
5	テスト計画	テストチームA	7/12 月	7/16 金					
6	テスト準備	テストチームA	7/19 月	7/30 金					
7	テスト実施	テストチームA	8/2 月	8/6 金					
8	再テスト	テストチームA	8/9 月	8/13 金					
	…	…							

■日次スケジュール

| # | タスク | 担当 | 予定 | | 7/19週 | | | | | … |
			開始	完了	19 月	20 火	21 水	22 木	23 金	…
	テスト									
	…	…								
6	テスト準備									
6-1	テスト観点詳細化	テストリーダーB	7/19 月	7/20 火						
6-2	テスト対象詳細化	テストメンバーb	7/19 月	7/20 火						
6-3	テストパターン検討	テストメンバーb	7/20 火	7/21 水						
6-4	テスト実施手順検討	テストメンバーb	7/22 木	7/23 金						
	…	…								

■実際のスケジュール

＜日次スケジュール＞

| # | タスク | 担当 | 予定 | | 7/19週 | | | | | … |
			開始	完了	19 月	20 火	21 水	22 木	23 金	…
	テスト	…								
	…	…								
6	テスト準備									
6-1	テスト観点詳細化	テストリーダーB	7/19 月	7/20 火						
6-2	テスト対象詳細化	テストメンバーb	7/19 月	7/20 火						
6-3	テストパターン検討	テストメンバーb	7/20 火	7/21 水						
6-4	テスト実施手順検討	テストメンバーb	7/22 木	7/23 金					★	
	…	…								

【状況】
・テストメンバーb（120万/月）が着手した作業は、テストメンバーbのみでは期日までに完了できない
　状況だった為、テストメンバーc（120万/月）の稼働を50%充てて対応した。
・7/23(金)時点で作業進捗率は80%であった。

■パフォーマンスレビュー分析

要素	数値	説明
出来高（EV）	96	計画値（PV）×作業進捗率
計画値（PV）	120	予定したコスト
スケジュール差異（SV）	-24	出来高（EV）－PV（計画値）
スケジュール効率指数（SPI）	0.8	出来高（EV）÷PV（計画値）
実コスト（AC）	180	実際にかかったコスト
コスト差異（CV）	-84	出来高（EV）－ 実コスト（AC） ※正なら、現時点のコストが予算内に収まっている
コスト効率指数（CPI）	0.53	出来高（EV）÷ 実コスト（AC） ※1以上なら、少ないコストで作業を完了している

コスト超過は早めに検知と対策を

　愛妻弁当のない日は、トレーナーお勧めのダイエット弁当と決めていた私。

　カロリーも栄養もよく考えられていて、かなりのスグレもの…と思ったものの、先輩から予算超過を心配される。

　取り返しがつかなくなる前に、早めに対策を講じなければ！

先輩「あれ、何食べてるの？　そんなお弁当、社食にあったっけ？」

私「特別ですよ！　トレーナーさんお勧めのダイエット用のお弁当。妻のお弁当がない日は、これを食べるようにしているんです」

先輩「へー、いいね！」

私「ええ、ちょっと高いんですけど、どの種類のお弁当を選んでも、カロリーや栄養がちゃんと考えられているんです。かなり低カロリーなのにボリュームもあるし、わりとイケてます」

先輩「ほう。健康面にもちゃんと気を使えているようじゃないか。大したもんだ！　ちなみに、それで予算的には大丈夫なの？　コストがかかりすぎてない？」

私「ドキッ。実を言うと、月の予算をちょっとオーバーしているんです。とは言っても、予備費も含めれば、まあ何とかなるかなとは思っているんですけど……」

先輩「ホントに？　そんなざっくりじゃなくて、予算内に収まるのかどうか、ちゃんと確かめたほうがいいよ」

私「なんか、ちょっと心配になってきた」

先輩「プロジェクトでも、予算超過を早めに検知できなくて、後々気づいたら対応がすごく難しくなっていた……なんてこと、いっぱいあるからね」

私「うわっ！　さっそくちゃんと計算してみます」

ストーリー

説明

ポイント

サンプル

翌週、再び先輩に声をかけられて――

先輩「今日は、コンビニ弁当かい?」

私「ただし、妻オリジナルの特製ヘルシースープ付きです」

先輩「それはいい」

私「この間のコストの件ですが、計算したら、このままでは予算オーバー確定でした。で、ダイエット用弁当の購入頻度は抑えることにして、あとは妻の助言を参考に、カロリーや栄養を計算しながら、社食やコンビニで食べるものを決めます!」

先輩「いいね。早めに対策ができてよかった!」

コスト超過の対応策

・妻のヘルシー弁当が基本

・それ以外は、カロリーや栄養を計算してランチを決定

・ダイエット用弁当は、予算内に収まるよう頻度を減らす

コストでプロジェクトの
進捗を管理する

　プロジェクトは、ビジネスニーズに応えるために発足され実行されます。目的の達成のためなら、いくらでも好きなだけ時間や予算を使っていい、などという夢のようなプロジェクトはあり得ませんね。

　時間や予算などの制限の中でゴールに到達するために、実行中のプロジェクトを監視し、コントロールしていく必要があるのです。

・コストのコントロール

　コストのコントロールは、実行中のプロジェクトを監視し、コストベースラインへの変更を要求するコストマネジメントのプロセスです。

　このプロセスでは、予算設定のプロセスで作成したコストベースラインと、作業パフォーマンスデータ、つまり実際の作業、成果物などの進捗状況を照らし合わせて、その差異を分析します。

　分析には、アーンドバリューマネジメント法（EVM）が使われますが、コストマネジメント計画書で定義した測定の規則（計算式など）に従って、コストやスケジュール、スコープを統合的に測定します。

　測定の結果、予算超過などの状況にあり、コストマネジメント計画書で定義した許容範囲（コントロールしきい値）を超えている場合には、すぐに対策を講じる必要があります。

　分析した結果は、計画書の報告形式に従って文書化し、報告します。結果により、コストベースラインの変更が必要な場合には、変更要求を行います。

・アーンドバリューマネジメント（EVM）

　スケジュールコントロールのプロセスでもパフォーマンスの評価に

使われたように、アーンドバリューマネジメントは、プロジェクトの計画と実績を評価する手法のことです。

作業などが何時間かかるかというような時間だけでなく、人件費などがいくらかかるかというコストでプロジェクトの進捗管理をする手法です。

つまり、現在の目標への到達度がどの程度なのかを、金銭という価値に変換した出来高（EV＝アーンドバリュー）という概念で考えるのです。

この手法では、プロジェクトが計画通りに進んでいるかを期間ごとの出来高や計画値（PV）、実測値（AC）を積み上げ、グラフで示して管理していきます。

スケジュールの進捗具合やコストのかかり具合はどうか。プロジェクトの現在の状況を把握しやすく、スケジュールやコストの、マネジメントに大変有効です。

特にコストで注目すべき指標は、コスト差異（CV）とコスト効率指標（CPI）。CV＝EV－AC、CPI＝EV÷AC　で算出できます。CPI＝1　は予定通り、CPI＜1　の場合は、予算超過していることになります。

■まとめ

- コストの予実を確認する
  EVM では、コスト差異（CV）、コスト効率指数（CPI）に着目する
- 超過している（しそうな）場合は原因を究明し、リカバリに努める
- コストベースラインの変更が必要な場合には、変更要求を行います

☝ワンポイント

- コストマネジメントにおいては、単純に金額の予実を管理するだけではなく、金額の増減を引き起こした要因（主にコストドライバー）を分析・対処することで、未来のコストのブレを抑制しましょう。

危険な "頑張って" 作戦?

　コスト超過は珍しくありませんが、簡単に改善されるわけもなく引き続き発生する可能性は大。追加の予算を取りにいく必要があります。リスケジュールも厄介ですが、お金のことはもめる場合が多く、追加予算取りは早めに動くことが重要です。

　とは言っても「今月これが足りないので追加で100万円ください」、翌月は「こっちも足りないので200万円」などと、場当たり的に追加を要請していると「一体いくらあればいいんだ?」と信用に関わります。コスト不足を計画として見直せるなら、計画をアップデートし続けて調整すべきです。

　追加の予算取りは、調整が多岐にわたるために、困難なことのひとつです。

　特に再度の追加は言いづらく、無理をしても何とか予算内で収めようとすることも少なくありません。でも、無理なものは無理。人員削減や、低単価要員へのスイッチは品質低下につながり、二次災害を産み出しかねません。

　結局、調整するのは大変だし、何とか現状の人員で頑張ってもらうしかないということになります。でも、「頑張って!」と発破をかけるだけの対策では限界があります。

　面倒を避け予算内に収めようとしたばかりに、いちばん頑張っていたプロジェクトのキーマンが突然倒れてしまった。倒れなくても、突然辞めてしまった……プロジェクトの怖い "あるある" です。やはり、そこは難しくても予算を取りにいくところなのでは?

サンプル：EVM（Earned Value Management）

- 作業工程や成果物などを全てコスト換算し、それらに対する「予算（計画）」「実績（成果をコスト換算したもの）」「実際に費消したコスト」を比較することで、進捗状況やコスト状況を把握し、本来投入すべきコストの検討や先々起こり得る課題を察知するためのプロジェクト管理手法

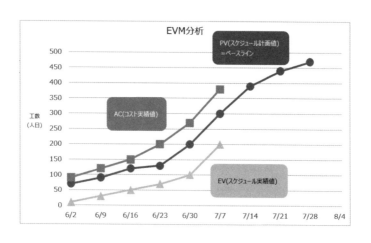

EVMの活用例	説明
SV (Schedule Variance/スケジュール差異)	・「EV-PV」という計算式でスケジュール差異を表す。 ・計算結果がプラスなら計画より早く進んでいる、マイナスなら計画より遅れていることが分かる。
CV (Cost Variance/コスト差異)	・「EV-AC」という計算式でコスト差異を表す。 ・計算結果がプラスならコストは予算内であり、マイナスなら予算オーバーしていることが分かる。
SPI (Schedule Performance Index/スケジュール指標)	・「EV/PV」という計算式でスケジュール差異を表す。 ・計画値に対しての出来高の多い/少ないを割合で表す。1以下の場合「スケジュール遅延」となる。
CPI (Cost Performance Index/コスト指標)	・「EV/AC」という計算式でコスト差異を表す。 ・実投入コストに対しての出来高の多い/少ないを割合で表す。1以下の場合「コスト超過」となる。

EVMを構成している指標	説明
PV(Planned Value/スケジュール計画値)	・計画時に見積った予算のことで、特定の時点までに完了すべき作業の総予算を合計した値となる。 ・計画値を基準にコストオーバーなどを判断する。
EV(Earned Value/スケジュール実績値)	・作業の到達度を「時間」という概念ではなく、コストに換算して考える。 ・特定の時点に限定し、出来高を積算した成果の実績値となる。
AC(Actual Cost/コスト実績値)	・特定の時点までに投入された実際のコストの合計値となる。 ・計画通りに作業が進めば、PVと同じ値となる。 ・外注費やプロジェクトメンバーの残業代など、追加で発生したコストも含んだ全てを合算する。
BAC(Budget At Completion/完成時総コスト)	・プロジェクトが完了するまでに必要な総予算を合計した値となる。

Part IV 実行

チームとしての意識の統一を図る

　運動はトレーナー、栄養は妻。それぞれの知見者のアドバイスで、順調に進行していたように思った私のダイエットだが……。

　食事メニューに関する2人の意見の相違は、絶妙なチームワークに影を落とすのか?

　プロジェクトマネジメントを熟知している先輩からのアドバイスは?

ストーリー

先輩「あれ、料理の本を見てるの?」

私「ってか、食事の内容をどうしようか悩んでいて……。この本、ちょうどダイエット食のことが書いてあったもので、つい気になってしまって」

先輩「なかなか勉強熱心だね」

私「違うんです。今、栄養のことは妻の意見を聞いて、運動についてはトレーナーさんの助言をもらっているじゃないですか」

先輩「そうだね。バランスも取れててていいチームだよね」

説明

私「そうなんですけど。実は、その2人からそれぞれ食事に関する意見を聞いたんです。そしたら、ちょっと内容が違っていて、正直どっちの意見に従ったらいいのかわからなくなってしまったんです」

先輩「なるほど。知見者の間で意見が割れているわけだ。それはなかなか難しいところだね。ふうむ。どちらの意見を採用したらいいか答えが出ないようなら、2人に直接話してもらって意見をすり合わせるというのもひとつの手だよね」

ポイント

私「それはいいかも」

先輩「そういう場を用意するというのも、プロジェクトを推進するうえで、重要な役割なんだよ」

サンプル

私「確かに。ボクひとりで悩んでいてもまるで前に進んでなかったので、そうしよう！　今度、妻と一緒にジムに行って、トレーナーさんと3人で話してみます」

先輩「それがいいよ」

私「ああ、すっきりしたぁ……。先輩、いつもながら貴重なアドバイスありがとうございます」

先輩「どういたしまして。有益な三者会談になるといいよね」

妻も交えてのトレーナーとのセッションからの帰り道、たまたま先輩から別件で電話が入る。

先輩「……あ、先輩。ちょっといいですか？　例の三者会談、無事終了しました！　詳しくは後日お話ししますが、自分の目指す健康のためにはトレーナーさんのメニューでは栄養素が不十分ということで、1品目追加する折衷案で落ち着きました」

チームのマネジメント

- メンバーの間で食事に対する考え方が多少食い違っていたので、話し合いですり合わせを行って意識を統一。
- 食事の内容については、自分の目指す健康維持のため、トレーナーのダイエットメニューに不足する栄養素1品目を追加。

チーム力でプロジェクトの
成功を実現！！

　資源マネジメントが実行プロセスに入ると、いよいよメンバーを集め、チーム一丸となってゴールを目指し作業を進めることになります。

　資源マネジメントの実行プロセスにおいては、「資源の獲得」から「チームの育成」、日々の課題解決を行う「マネジメント」計画と実績の差分を確認する「コントロール」を行います。

①資源の獲得

　資源マネジメント計画書に従って、プロジェクトのアクティビティを完了するために必要なメンバーである人的資源と、資材や機器、施設などの物的資源を確保します。

　メンバーは適材適所、アクティビティを行うのにマッチしたスキルの人員を選出し、役割を決めてチームを編成します。

　確保したメンバーを把握できるプロジェクト要員任命と、資源（メンバー、物資等）がいつから、どの程度使用できるようになるかなどの状況を明記した資源カレンダーを作成します。

②チームの育成

　編成したプロジェクトチームのパフォーマンスを高めるために、メンバーそれぞれのスキルを向上させ、チームワークを強化するような環境作りを行います。

　スキルアップのためのトレーニングや教育などを行うだけでなく、認識合わせのチーム内ミーティング、メンバー間のオープンなコミュニケーションの促進、適切な表彰や報奨の設定などチームワークの維持、改善のためのいろいろな取り組みを行っていきます。

　というのも、チーム全体のパフォーマンス向上には、それぞれがチーム意識を持って協力的に作業を進めることが必要だからです。

　また、パフォーマンスの評価を適宜行って、チーム状況の把握と改

善を行います。

③チームのマネジメント

　プロジェクトのパフォーマンスを確認し、課題を解決していくプロセスです。

　チームのパフォーマンス評価や報告書などをもとにしてメンバーの管理を行いますが、「コンフリクト（衝突）マネジメント」も重要です。

　チームは、様々なメンバーで構成されているため、コンフリクトが発生することは珍しくありません。チームの課題として認識し、チーム全体で解決を図るようにします。

　コンフリクトマネジメントを行った後は、メンバーの状況の更新、計画に変更がある場合は、統合変更管理に変更要求を出して解決していきます。

④資源のコントロール

　資源マネジメント計画書通りに資源が活用されているかを監視するプロセスです。

　計画との差異がある場合は、代替案分析やパフォーマンスレビューを行って、対策を検討します。

　物的資源では、使用頻度などの状況に対して計画値と実績値に差異があれば、原因を追究し、解消するための変更要求を行って対処します。

■まとめ

- 計画に沿って資源を獲得する
- チームの育成 / マネジメントを行う
- 資源のコントロールを行う：計画値と実績値に差異があれば、原因を追究し、解消するための変更要求を行う

☝ワンポイント

- チームのパフォーマンスを最大化させるために、日常的にチームのコンディションを把握し、メンバーフォローを行うようにしましょう。

  - プラスを引き出す：褒める、能力強化、コミュニケーションの活性化

  - マイナスを是正する：稼働時間管理、体調ケア、コンフリクト（衝突）の解消

「髪切った?」でモチベーションをアップする?!

　プロジェクトを順調に進行させるためにも、資源、特にチームがうまく回るような状態を作る必要があります。

　集めた人たちで頑張っていくしかないわけですから、ゴールに近づくためには、メンバーをどううまく動かしていくか。また、どのようにメンバー1人ひとりをやる気にさせるか、頭の働かせどころです。

　例えば、この人が喜ぶポイントはどこか。今の状態はどうか。この人の価値観は何に立脚しているか……などを見きわめて、心に触れながら、モチベーションを上げていきます。

　きっかけは「髪切った?」というひと言でOK。「切ってません」と否定されたとしても、そこから雑談が広げられます。

　雑談はとても大事。他愛ない話の中から、その人のことを把握できてくるものです。

　特に、昨今のリモートワークの状況下では、会話も仕事の用件だけに集中しやすく、雑談の機会が減っています。

　しかも、対面と比べて相手の表情や顔色も見えにくいというデメリットもあります。雑談をうまく取り入れながら、メンバーが心を病んだり、悩んでいたりするのを見逃さず、モチベートしていけるとよいですね。

　プロジェクトに長く関わった人が、途中で抜けるということは、プロジェクトにとってはかなりの痛手です。入ってくれたメンバーが最後まで一緒に頑張れるようコンディションを含めて維持していくことが大切です。

サンプル：要員調達一覧

単位:万円

#	氏名	役職	役割	必要人数	調達場所	コスト 単価	コスト 合計
1	近藤	プロジェクトマネージャー	予算管理、及びプロジェクトのQCDに対するリスク判断	1	内部	200	200
2	土方	プロジェクトリーダー	プロジェクト全体の進捗・課題管理、及び課題解決	1	内部	200	200
3	沖田	企画リーダー	企画側要求事項の整理、及びシステムとの整合性確認	1	内部	150	150
4	**青木**	企画メンバー	企画側要求事項の整理、及びシステムとの整合性確認	**1**	**外部**	**200**	**200**
5	…		…	…	…	…	…
				合計	XX	-	XXXX

■変更点（太字）
企画メンバーに外部コンサルタントを投入する経営判断が下った為、#4の永倉さんを青木さんへ変更。
単価も150万から200万へ上がった。

主な調達方法

■交渉

内部資源の獲得では、母体組織内の人事部長などの機能部門マネジャーや、そのほかのプロジェクトマネジメントチームと交渉（話し合い）をします。

外部資源の獲得では、外部業者と交渉します。いずれの場合も、プロジェクトマネジメントチーム自らが交渉するという点がポイントです。

■バーチャルチーム

インターネットなどのコミュニケーション技術を利用して、遠方にいる人材をプロジェクトチームのメンバーに加える方法です。

近年はクライアントのニーズが多様化し、あらゆる方向から情報を得る必要があるため、多くのプロジェクトでバーチャルチームを利用していると考えられます。

・プロジェクト業務を進める中で、新規で要員調達をする際や既存
メンバーのリソース配置を変更するタイミングなどで様々な対立
（コンフリクト）が発生する事がある
・プロジェクトを成功するためには対処法を元にコンフリクトを上
手くコントロールしていく事が必要となる

■コンフリクトに対する5つの対処法

名　称	内　容
撤退・回避	身を引く、または決断を先延ばしにすること。 すぐに実施できるため、コンフリクトへの一時的な対処として利用される。
鎮静・適応	意見が異なった部分より、同意できる部分を強調すること。 直接的な問題解決手段ではないため、問題が再発する可能性がある。
妥協・和解	全員がある程度満足できる解決策を模索すること。 コンフリクトの解消という点では協力・問題解決の次に良い対処法。
強制・指示	相手に対して自分の意見を押し付けること。 撤退・回避と同様すぐに実施できるため、コンフリクトへの一時的な対処として利用される。
協力・ 問題解決	双方が納得するまで話し合いを行い、コンフリクトの解消には最良の解決策。 ただし、完全な解消には時間がかかるため、プロジェクトの期限が近い状況では適さない場合がある。

必要に応じた契約の見直しも

自分のペースに応じたランニング・プランなども確立し、
ジムの利用が以前より少なくてすんでいる今日この頃。
スタート当初のままの契約は見直しが必要！
そんな先輩からのアドバイスに対して……?

私「せんぱーい、ちょっと待ってぇ！ 先輩、歩くの速いですね。50mくらい全力疾走しちゃいましたよ」

先輩「それにしては、ほとんど息も切れてないじゃないか。大したもんだな、トレーニングの成果か！」

私「からかわないでくださいよ。でもまぁ、この頃よく走ってますからね。今度、先輩も一緒にランニングしませんか？ 最近いろんなところを走っていて、すごくいいコース見つけたんですよ！」

先輩「へー。あれ？ でも、この前まではジムのランニングマシン使っていなかったっけ?」

私「ええ、そうなんですけどね。前はマシン専門だったんですけど、やっぱり外を走るのは気分がいいんですよ。近頃では、ほとんど筋トレの時だけしかジムは利用していないですね」

先輩「えっ、そうなの？ ジムを利用する回数が減っているなら、契約を見直したほうがいいんじゃない?」

私「そうか、そういう手もあるか……」

先輩「プロジェクトでもね、立ち上げの時に結んだ契約内容が、プロジェクトを進めていく中で合わなくなることはよくある。そんな時は、現状に合わせて契約内容も見直しを行わないと」

私「そうか、会費がもったいないかも」

先輩「そういうこと。スタートした時と同じ契約内容のまま見直しを行わないでいると、余分なコストがかかったり、必要な人手が足りな

くなったりするんだよ」

私「でも、契約の見直しって、なんか言い出しにくいし……。ボク、
そういうの苦手なんですよね」

先輩「気持ちはわからないでもないけど。別に退会するわけじゃない
し、大丈夫だよ。頑張って！」

私「よーし、さっそくジムに寄って帰ろう！」

ジムのフロントで──

スタッフ「……そういうことでしたら、月の利用回数の上限を設定す
るコースにしましょうか？　成果も出ているようですし」

私「すみません。そうですね、MAX月10回利用のプランで。トレー
ナーさんには、これまで通りお願いできるんですよね、よろしくお願
いします」

調達のコントロール
スタート時の契約内容は適切か。自分の現状に合っているか、定期的
に確認をし、必要があれば見直す。今回の見直しで、ジムは利用し放
題の契約→月10回までの利用プランに変更

計画に従って必要な資源を調達

　実行プロセスでは、実際に調達を行っていきます。また、調達の実行と並行して、調達した資源やパフォーマンスを監視し、管理します。

①調達の実行

　調達マネジメント計画書にもとづき、必要な資源の調達先となる外部業者の選定や交渉を行い、契約を行うプロセスです。

　選定を行うために、調達に関する情報を提供したり、必要があれば、入札説明会を開催したりすることもあります。入札に関しては、あくまでも平等を期すため、特定の業者に有利な扱いをするようなことは避ける必要があります。

　業者から見積書などの提案を得るための入札文書を配布し、得られた提案を評価して、業者を選定します。

　特に人的資源の調達では、委託先との契約の締結が調達の実行にあたりますが、委託先の選定については、適切な価格で、期待する成果物が得られることなどの確認が不可欠です。

　実行を通しての業者からの質問や業者への回答などの情報は、すべて共有するようにします。

　選定した外部業者と最終的な契約の交渉を行い、合意書を取り交わします。

②調達のコントロール

　外部業者との間で取り交わされた契約がちゃんと履行されているか契約のパフォーマンスを監視するのが、このプロセスの役割です。必要があれば、変更や是正を行います。

　業者と取り交わした合意書に基づき、進捗や品質など契約条項と照合しながら状況のレビューを行います。契約で定義した内容通りに調

達が進んでいるかをしっかり確認する必要があります。途中で変更が生じた場合には、契約の管理のために、契約内容の変更など委託先との対応の履歴を残しておくことが重要です。これは、後のトラブル防止にも有効です。

　調達した資材などが契約通りに納品されているか、また委託先が生成した成果物が要求通りであるかを確認して、契約を終了させます。

■ベンダー選定のステップ

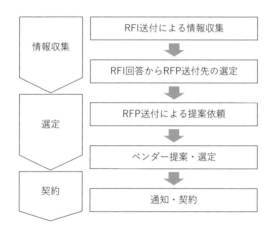

■まとめ

- 計画で定義したステップで調達を実施する
- 選定においては各社「平等に」行う
  （開示情報、選定基準のズレが無いようにする）
- 調達後は契約通りの内容 / パフォーマンスが提供されているかを確認する

☝ ワンポイント

- ベンダーへの入札文書（RFP）提示に際し、適切な提案がいただける内容になっているか今一度以下観点をチェックしましょう。
    - 要望の must（必ず実現したい）と want（できれば実現したい）を分ける。
    - 諸元データを提示する
      いつまで使う想定のシステムで、最大でどのくらいの規模（日次の処理伝票数、データサイズなど）か。
    - 非機能要件（性能、可用性、セキュリティ、拡張性など）を明確にする。

人の質を見きわめる！

プロジェクトがうまくいくかどうかは、結局は“人”。調達に際しては、人をしっかりと見ることが大事です。

特に、システム開発などの発注先のベンダーからプロジェクトに加わってもらうリーダーの人となりは、ちゃんと見きわめる必要があります。

というのも、プロジェクトの案件によって求められる人材は、まったく違ってきます。

例えば、バリバリ動いて推進する力の強めな人とか、いろいろな人の意見を聞くへりくだり力強めな人とか……etc.

必要なスキルはもちろんのこと、このリーダーなら、社内の各種ステークホルダーとうまくやっていけそう、という勘どころを見ておく必要があります。

入ってもらったのはいいけれど、リーダーと性格が合わずにいろいろなことが滞ったり、いきなりケンカが勃発したり。そんな不穏な中では、目的の達成は難しいでしょう。

ベンダーの営業についても同様です。とかくお金の話はもめることが多いもの。交渉の余地もない営業だと、先々が思いやられます。

建設的な会話ができる営業がいれば、発注側としては精神的な負担も少なくてすみます。また、コストが上がりそうな時には迅速に連絡してくれるか、落としどころの検討に前向きか……なども見きわめておきたいところです。

サンプル：RFI、RFP、評価シート

■調達の実行プロセス

・プロジェクトの作業を外部に依頼する場合、外部業者（ベンダー）と契約を締結する必要がある

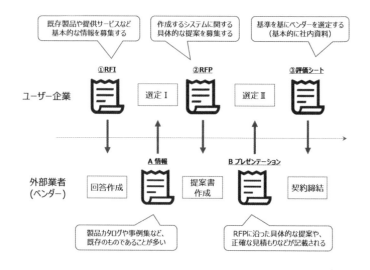

①RFI（Request For Information）/情報提供依頼書

・ベンダーが保有している製品やサービスの概要などの情報を収集するために広く活用されている資料。

・通常RFIに対する回答は、製品カタログ、パンフレット、事例集などの一般的なものになる。

例)

大項目	小項目
Ⅰ．基本サービスの内容	製品・サービス概要
	システム環境
	バージョンアップへの対応
	費用体系
	サポート内容
	デバイス対応
Ⅱ．機能	機能要件
Ⅲ．サービスレベル	システム稼働状況
	セキュリティ要件
Ⅳ．導入事例・運用性	導入実績
	メンテナンス対応
Ⅴ．拡張性	グループ利用
	アドオン開発
	他システム連携
Ⅵ．会社情報	会社概要

②RFP（Request for Proposal）/ 提案依頼書

・システム選定・導入・構築やリプレイス時に不可欠な資料で、企業
　が求めている情報について明確に記載している。
・そのためRFPに対する回答は、個別具体的な提案、正確な見積もり
　金額などが明記されているものになる。

例）

大項目	小項目
Ⅰ．システム概要	システム化の背景
	システム化の目的・方針
Ⅱ．提案依頼事項	システム構成
	品質・性能条件
	開発推進体制
	移行方法
	保守条件
Ⅲ．提案手続きについて	-
Ⅳ．開発に関する条件	-
Ⅴ．保証要件	-
Ⅵ．契約事項	-

③評価シート

・RFI、RFPに対する回答を受けて、各ベンダーに対する評価をまとめたもの。これを元に委託先を最終決定する。

例)

評価項目	重みづけ	A社	B社	C社
要求合致度	30%	5	4	3
追加提案	20%	3	5	4
コスト	30%	4	5	2
技術力	10%	5	5	5
実績	5%	5	3	3
運用/保守体制	5%	5	5	4
得点		4.3	4.6	3.2

影響力の大きいステークホルダーを大事に？！

　今日も妻手作りのお弁当でランチをとる私に、
「奥さんに感謝するように」との先輩からのアドバイス。
　確かに妻の協力がなかったら、今回のダイエットもとっくに挫折していたかも。
　さっそく感謝を伝えなければ！

先輩「あれ、今日も愛妻弁当？　このところ毎日お弁当だね」

私「そうなんです。どうせ毎日子どものお弁当作ってるから、ついでだって。ついでででもなんでも、毎日作ってもらえるのは助かります」

先輩「ホントいい奥さんだよな。料理はおいしそうだし、もちろん栄養はちゃんと考えてくれてそうだし……」

私「はい、おいしいです！　ランチどうしようとか、カロリー高過ぎるかな、とか考えないですむのはありがたい」

先輩「奥さんに、ちゃんと感謝は伝えているんだろうね?」

私「え、ええ、なんか恥ずかしくて。ちゃんと伝えているかって聞かれると、面と向かってはちゃんと伝えてないかな」

先輩「それじゃ、ダメだよ。夫としてもそうだけど、プロジェクトマネジメントの視点から見ても、成否に大きく関わるステークホルダーは大切にしないと」

私「そうですよね……」

先輩「そうさ。もし協力が得られなくなったら、プロジェクトが立ち行かなくなってしまうよ」

私「そうだよな。恥ずかしいなんて言ってる場合じゃないか。しっかり感謝を伝えて……。それに、ボクに何かできることはないか考えて

みます。何かと妻に頼りすぎていますからね」

　帰宅して。夕食後すぐに洗い物。カバンの中からランチボックスを出しながら……。

私「お弁当ご馳走さま。今日もおいしかった！　先輩に"本当にいい奥さんだ"ってホメられちゃった」

妻「でしょう?」

私「本当に感謝してます！　キミがいなかったら、ダイエットだってここまでうまくいかなかったよね」

妻「あら、どうしたの?　なんかくすぐったいわ」

私「いろいろ協力してもらってるから。今度ボクの家事分担を少し増やそうと思うんだけど、明日でもゆっくり相談しない?」

妻「ホントに?　やったー！　私も考えとくね」

ダイエット成功のためのステークホルダー対策

・いちばんの協力者である妻へ感謝の気持ちを伝えること。
・できる範囲で自分の家事分担を増やして、ふだんの協力に応える

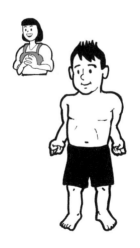

ステークホルダーとの
コミュニケーションが決め手！！

　ステークホルダーの関与度を高めるための働きかけを進めながら、必要に応じて調整を行っていくプロセスです。

　このステークホルダーマネジメントの実行、そして、これと並行して実施される監視・コントロールのプロセスには、次の2つの作業があります。

①ステークホルダーエンゲージメントのマネジメント

　ステークホルダーエンゲージメントの計画書に沿って、ステークホルダーへの働きかけを行います。

　計画書に定めた方法や方針をもとに、ステークホルダーとのコミュニケーションを進めながら、各ステークホルダーのニーズ、期待に応えます。

　時には、ステークホルダーが実現困難な期待を抱いていることもあります。こんな場合には、交渉やコミュニケーションによって期待度を下げる働きかけを行いながら、適切な関係を保つことも必要です。

　このように各ステークホルダーのニーズなどに対応し、満足度を高めることで、プロジェクトへのステークホルダーの関与を強化していきます。

　その結果、計画などに変更がある場合には、変更要求を行います。

②ステークホルダーエンゲージメントの監視

　各ステークホルダーとの関係を確認しながら、ステークホルダーの関与を強化するための戦略と計画の進捗を監視していくプロセスです。

　プロジェクトが進行するのに伴って、ステークホルダーとの関係性に変化が生じてくることも少なくありません。そのためステークホルダーエンゲージメントのマネジメント活動の効果を維持、向上するた

めに監視する必要があるのです。

　ときには、プロジェクトの完了間近になって、想定外の要求をされるようなこともあるかもしれません。これでは、プロジェクトの進捗が滞るどころか、成否に影響することもあり得ます。

　ステークホルダーの関与を確認し、適切な対応をしていくことが重要です。

　ステークホルダーの関与に変化が生じている場合には、関与度の計画値と実績値の差異の原因を追究し、差異を解消するための変更要求を検討して対処します。

　このプロセスを通しての活動の結果は、作業パフォーマンス情報として文書化します。

■ステークホルダー例

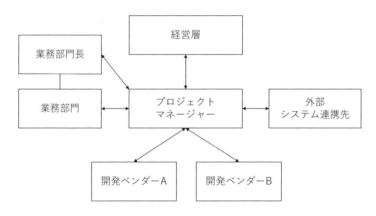

■まとめ

- 計画に沿ってステークホルダーとコミュニケーションをする
  ※過度な期待を抱いている場合は期待値調整をする（ハードルを下げる）
- ステークホルダーの関与度（味方具合）が想定通りかをチェックする
  ※想定と差異がある場合は原因を明らかにし、解消するための変更要求を検討する

☝ワンポイント

- ステークホルダーとのコミュニケーションにおいては、コミュニケーションの目的を明確にし、話す順序や資料の構成を工夫する事で、伝えたいことが正確に伝わるようにしましょう。
- プロジェクトへの影響度合いが高いステークホルダーに関しては、日頃から小まめなコミュニケーションを心がけましょう。

Columm

できるだけ敵は作らない？！

　作っているのはシステムでも、プロジェクトが頓挫したりする原因の多くは "人" です。敵は作らないに越したことはないのですが、そう簡単なことではありません。

　初めからプロジェクトを歓迎していない人もいれば、あまり関係がないのに、途中から「そんなの聞いていないよ」とクレームをつけたり、完了目前になって「そんなシステム使えない」と怒り出したり……。突然、プロジェクトの抵抗勢力となって、立ちはだかることもあります。

　敵を作らないということでは、例えば人に何かを伝える場合、その頻度や伝える相手の順序などに要注意。「先にこっちに話を通すべきなのでは？」などと、傍から見ればどうでもいいようなことが抵抗勢力を生む火種にならないとも限りません。

　その火種も、人によってまちまち。何に怒っているのかは、その人の価値判断基準が表れるところでもあります。

　問題が起こったら、とにかく早く適切に対応をすることが重要です。それには、相手の価値判断基準を知り、うまいアプローチ方法を考えること。孫子の『兵法』でなくても、「敵を知る」ことは、勝つために不可欠です。

　また、いろいろなルートからアプローチできるように、日頃から人脈を広く持つようにしましょう。たとえ対立する相手でも、信頼する〇〇さんに間に入ってもらうことで、「〇〇さんが言うなら」と解決できることもあります。

　アプローチ次第では、敵が一転、頼れる味方になることだってあります。必勝の作戦を練ることは重要です。

サンプル：関与度評価マトリクス、権力と関心度のグリッド

■ステークホルダー関心度評価マトリクス

- ステークホルダーと関与度をマトリクス状に視覚化したもの
- 計画フェーズで検討した「現在のステークホルダー関与度評価（C）」を元に「各ステークホルダーに求められるプロジェクトへの関与度評価（D）」を検討し設定する。
- ただしC・Dのそれぞれの関与度評価を設定するだけでは意味がなく、これを元に各ステークホルダーをどのようにしてDの関与度評価にしていくかの対応方法を検討することが重要となる。

【凡例】C：現在（Current）／D：求められる（Desired）関与度

#	氏名	不認識	抵抗	中立	支援型	指導
1	近藤			C	D	
2	土方		C	D		
3	沖田		C		D	
4	斎藤					C・D
5	…	…	…	…	…	

各ステークホルダーの「現在の関与度(C)」と「求められる関与度(D)」を明確にし、C → Dを実現するために必要な具体策やコミュニケーション方法の検討・実行を行う。

ステークホルダー関与度評価マトリクス上でC・Dが同じセルに表れているのが理想の状態。（この状態の実現に向けて具体策を検討していく）

■権力と関心度のグリッド

・関与度調整によってステークホルダーの関心度が変化すると計画時
　に行った分析も結果が異なってくるので、内容に変化がないか適宜
　確認を行う必要がある

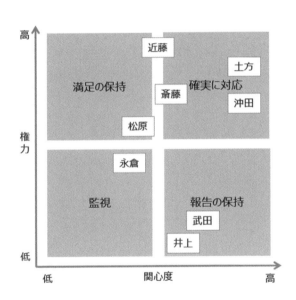

コミュニケーション不足は、判断ミスのモト？！

　トレーニングにも慣れて、トレーナーに相談することも少なくなってきた今日この頃。

　筋肉痛を訴えなくなった私に気づいた先輩が気にしたのは、

　運動そのものよりも、コミュニケーションの減少だった！

私「先輩、おはようございます！」

先輩「おはよう。調子よさそうだなぁ。そう言えば、最近筋肉痛で痛がってるところ見ないよね。前はあんなに"痛い、痛い"って騒いでたのに……」

私「それが、最近あんまり筋肉痛にならないんですよ。きっと運動に慣れてきたからでしょうね」

先輩「トレーナーさんも、それで大丈夫って?」

私「いやぁ、最近トレーナーさんと会話することがめっきり減っちゃって……。筋トレの仕方もだいぶわかってきたし、別にそんなこまめに連絡しなくてもいいかなと思って」

先輩「そう?　それは危険な傾向だなぁ。慣れてきたからといって、チームでコミュニケーションを取らなくなってしまうのは感心しないね」

私「えっ、そうなんですか?」

先輩「そうだよ。他の人がもっている情報をキャッチできなくなるからね、不十分な情報で間違った判断をしてしまうことにもつながるんだよ」

私「そうかぁ、危ない危ない」

先輩「頻繁でなくてもいいから、定期的には連絡したほうがいいかもね」

私「慣れてきたからと言って、コミュニケーションをおろそかにしてはいけないんですね。ちょっとトレーナーさんに連絡してみまぁす！」

後日、先輩とばったり会って――

私「この間、久しぶりにトレーナーさんに連絡して聞いてみたんです。そしたら、筋肉がついてきたので、筋トレの内容が合わなくなってたみたいなんです……」
先輩「ほら、聞いてみないとわからないだろ？」
私「ホントですね。結局、筋トレのメニューを見直してもらったんですけど、おかげでしっかり筋肉痛です……い、い、痛い！！」

コミュニケーション課題への対応
トレーナーへの連絡不足から、自分の身体の変化により筋トレが合わなくなっていることを見逃していたことが発覚。→コミュニケーションの大切さを再認識する。

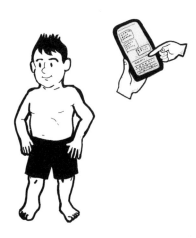

コミュニケーション不足で
失敗しないために

　計画エリアで作成したコミュニケーションマネジメント計画書に従って、ステークホルダーから情報を収集したり、配布したりするのが、この実行プロセスです。

　と同時に、このようなプロジェクトの実行と並行して、これらの情報伝達が正しく実施されているかどうかを監視していくプロセスでもあります。

①コミュニケーションのマネジメント

　コミュニケーションマネジメント計画書にもとづいて、プロジェクト情報の収集や配布、管理を行います。

　情報を収集するためには、会議を開催したりヒアリングを実施したりして、ステークホルダーとの情報のやりとりを効率的に行います。

　また、必要とされている情報を適切にステークホルダーへ提供するために、情報配布を行います。

　情報は主にプロジェクトの内容をまとめた連絡文書や、会議の議事録などのプロジェクト記録を提供します。

　必要な情報が、適切なタイミングで、適切なルートによって、適切な相手に、適切な方法で行きわたるように、必要なマネジメントを行うことが重要です。

　特に、情報収集や配布に利用するメディアについては事前に決めてあるはずですが、それぞれのメディアの特性などを考慮し、ケースによって最適なものを選びます。

　専用のツールを使うような場合には、使い方のマニュアルなども必要です。

　伝達情報であるプロジェクト伝達事項には、主にパフォーマンス報

告書や成果物、スケジュールやコストの情報などがあります。

　場合によっては、計画になかったような情報を求められることもあります。そんなときには、手順に沿って計画書の改善を行いながら、あらためて情報伝達の手段やプロセスを考え対処していく必要があります。

②コミュニケーションの監視

　コミュニケーションマネジメント計画書にもとづいて、コミュニケーションが適切に実行されているかどうかを監視するプロセスです。
　実際の情報伝達状況を監視し、計画に沿った情報が、計画したルート、伝達手段などで適切に伝達されているか、計画に問題はないかを確認します。問題がある場合には、変更要求を検討します。

　コミュニケーションが円滑に行われていないと、作業効率は低下します。ということは、作業パフォーマンスが悪化している場合は、コミュニケーションに問題が生じている可能性もあります。
　プロジェクトを成功に導くためにも、コミュニケーションの状況を正確に把握、評価していくことが重要です。

■まとめ

- 計画に沿ってコミュニケーションを実施する
  ※規定したルール（対象情報、連携先、方法、タイミング、ルート）に沿う
- コミュニケーションが適切に行われているか、問題/ 不満が無いかを監視する
  ※パフォーマンス低下の際にコミュニケーション問題の可能性がある

☝ワンポイント

- プロジェクトでのトラブルの多くが、関係者間のコミュニケーションミスによります。また忙しくなるほど、コミュニケーション頻度が落ちたり、雑になったりするものです。コミュニケーションの量と質に変化がないかチェックすることは、トラブル回避のために非常に重要です。

大事な報告も、やり方次第で障害に？！

　ビジネスの基本とも言える報告。プロジェクト内でも、報告の重要さは同様です。ただし、時として報告そのものが目的になってしまって、余分な時間や手間がとられてしまうケースもあります。

　先の項で、会議ばかりに時間が取られてしまう事例がありましたが、定例報告のために大変な分析作業を実施したり、必要な情報を抽出したり……。報告の資料作成に追われてしまって、肝心な開発が進まなくなっては本末転倒と言えます。

　ところで、こんな障害報告の例があります。

　何か問題が起きたら連絡するようにと伝えておいたところ、

　「実行ボタンを押したら、うまくいきませんでした」

　というざっくりとした報告が上がって来たとか。

　受け取ったほうは、何から調べたらよいのかわからず、"目が点"の状態。「何か起きたら……」というざっくりとした言い方も悪かったのか、と反省したとかしないとか。

　こんな場合には、システムの環境、対象機能、ユーザー情報、投入データ、操作内容、エラー事象等々、何を記載してほしいのかを明らかにし、各項目に記入すればよいような枠を作っておくと効率的です。

　報告する人があれこれ考えなくてもスムーズに伝達することができ、受けたほうも把握しやすくなります。正確な伝達は、問題解決に向けての第一歩と言えます。

サンプル：エスカレーションフロー、会議体詳細

■エスカレーションフロー

エスカレーションとは「段階的な上位へのアプローチ」を意味し、業務において下位の者から上長へ業務を引き継ぐ、あるいは上長の指示を仰ぐことを意味する。 プロジェクトマネジメントにおいてはトラブルを防ぐために事前にルールを決め、プロセスやフローを明確にすることが重要になる。

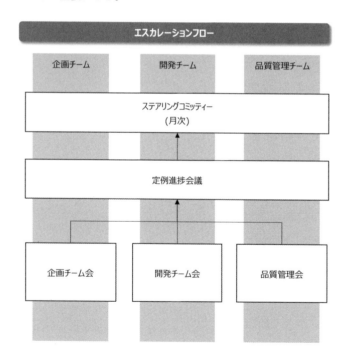

■会議体詳細

■ステアリングコミッティー（ステコミ）
　報告対象：PM
　伝達内容：進捗上の懸念事項・課題状況報告
　　　　　　PRJとしての意思決定・承認

■定例進捗会議
　報告対象：PL
　伝達内容：各チームの進捗状況
　　　　　　進捗上の懸念事項・課題状況報告
　　　　　　対策検討

■各チーム定例会議
　報告対象：各チームリーダー
　伝達内容：進捗上の懸念事項・課題状況報告

Part IV　実行

見栄えの品質が担保できない？！

体重は減っているのに、昔の身体とはどこかが違う？！
毎日の鏡による確認で違和感を覚える私、
課題が見つかったときは原因を分析して対策を考えること。
さっそく先輩のアドバイスに従って……。

私「先輩、ボクちょっと壁にぶつかっているみたいなんです」

先輩「今度は何があったの?」

私「それが、毎日お風呂上がりに鏡で自分の身体を確認してるんですけどね、見栄えの確認と思って」

先輩「ああ、そうだったよね」

私「体重や体脂肪率はちゃんと落ちているはずなのに、思ったほど見栄えがよくないんですよね。昔は、このくらいの体重なら、もっといい身体だったのになぁ」

先輩「そうなんだ。明確にはなっていないけれど、何か課題があるのかもしれないね」

私「課題かぁ。見栄えが期待しているのと違うってこと?」

先輩「課題が見つかったときには、原因を分析して品質を担保するための対策を考える必要があるよね」

私「原因は何なのか、ちょっと思いあたらないんですよね」

先輩「課題の原因を探るためのツールに、特性要因図っていうのがあるんだけどね」

私「あ、なんか聞いたことがあります。フィッシュボーン図って魚の骨みたいなのを描くやつ?」

先輩「そう。問題があるとき、その原因と結果を整理していくのに役に立つんだよ。これを使って、原因を分析してみたら?」

私「ありがとうございます！　さっそくやってみます」

数日後——

私「先輩、あの特性要因図、なかなかですね。いろいろなこと考えたし、自分のことを見直すのにもよかった！」
先輩「で、分析の結果は？　原因はわかったの？」
私「はい。トレーナーさんも一緒に原因を考えたんですが、姿勢が悪くなっているのがいちばんの原因だろうと。それに、インナーマッスルの筋トレが不足しているってことがわかって、姿勢の矯正と筋トレの内容の見直しを決めました！」

品質課題への対応

見栄え品質が達成できていないという課題が発覚→姿勢の悪さ、インナーマッスルの筋トレ不足が原因との分析結果から、改善策を検討する。

品質を担保する確認のプロセス

プロジェクトがすべて完了してから不具合が見つかっても、これを改善するための時間もコストも、想定外にかかってしまうことがあります。

そんなことが生じないように、実施中の各作業や成果物の品質を確認し、改善を行っていくプロセスです。

つまり、プロジェクトの実行中を通して、監査や検査、それをもとにした分析や評価を行って、品質の低下や非効率的な作業を防ぎ、改善を行うわけです。

この作業は、実行プロセスにおける品質のマネジメントと、並行して実施される監視・コントロールプロセスの品質のコントロールがあります。

ストーリー

説明

①品質のマネジメント（品質保証）

品質マネジメント計画書にもとづき、品質基準や運用基準を満たすために、すべてのプロセスの改善活動を支援するプロセスです。

この実行プロセスは、品質の要求事項と品質のコントロールの測定結果を監視し、第三者による品質監査を行って、問題点を改善していきます。

すべての作業プロセスの品質改善を繰り返し行う継続的プロセス改善により、無駄をなくしてプロセスを効率よく実行できるようになります。

ポイント

プロセスの改善点を洗い出すには、次の品質コントロールで測定したデータを分析します。

分析には、「QC7つ道具」や品質監査などが用いられます。この結果として、プロセスの改善点をまとめ、変更要求を行います。

サンプル

②品質のコントロール

プロジェクトの成果物が、品質マネジメント計画書に設定された品

質基準を満たしているかどうかを確認するプロセスです。

　生成した成果物や作業パフォーマンス・データをもとに、QC7つ道具を使ったり品質検査を行うなどして、品質コントロール測定結果としてまとめます。

　なお、スコープマネジメントの監視・コントロールプロセスでも少し触れましたが、この品質コントロールで品質が確認されると、「検証済み成果物」となります。

QC7つ道具

　QC7つ道具とは、QCつまり「Quality Control（品質管理）」における7つの手法のこと。品質改善を行うためのデータ分析に利用されます。
・パレート図
・ヒストグラム
・散布図
・特性要因図
・チェックシート
・グラフ
・管理図
　問題を発見したり、問題の原因を把握したり、問題が改善したことを確認したりするなど、用途に応じて使用します。

■ **まとめ**

- 品質基準や運用基準に沿っているか、成果物および
プロセスをチェックする
　※ QC7 つ道具などを活用する（パレート図、ヒス
トグラム、散布図、特性要因図、チェックシート、
グラフ、管理図）
- 必要に応じてプロセスの改善点をまとめ、変更要求
を行う

☝ **ワンポイント**

- どんなに優秀な計画で忠実に実行したとしても、初
めから 100 点の品質でシステムが組み上がること
はありません。合理的、効率的に検査を実施し、不
具合を洗い出すことが重要です。リリースまでに十
分な品質に仕上げるようにしましょう。
- 製造した人と検査する人を分けることで、作り手で
は気付かないミスを発見しやすくなります。

バグの出ないプロジェクトはない！

品質のテストを行えば、バグは必ず発生するものです。大事なのはバグを出さないことでなく、決められたテスト期間の中で、いかに効率的にバグを改修していくかということです。

計画で決められた品質チェックを行い、障害が発生した時には、原因を究明したうえで改善できれば、それに越したことはありません。ただテスト期間が限られているなら、暫定対応を行って、プロジェクトを止めないようにすることも重要です。

原因究明に時間をかけすぎて、後続処理が止まったら元も子もありません。そして、要因の分析は、できるだけ次のアクションにつながるような分類づけを。例えば「詳細設計のタイミングで埋め込まれたバグらしい」と分類づけされれば、詳細設計書を重点的に見るというアクションにつながります。

また、スケジュールが切羽詰まってくるほどに、今後の障害の発生確率を軽んじがちです。100件のテストのうち、50件行って、障害が20件発生しているのに、「残り50件はあまり発生しないはずです」などと"祈り"とも"願望"とも言える気持ちから言い出すケースもなきにしもあらず。

50件のうち20件出たら、後半も同じような確率で障害が出るはず。後続が難しいロジックを対象としたテストであれば、バグの発生はさらに高い確率になるでしょう。

本来なら、時間がかかることを報告したうえで、人手を増やすとか、リリース時期を調整するなどの対策を行うべきところ。都合のよい"祈り"が通じることは、まずないのです。

サンプル：特性要因図

・「特性要因図」は複数の「原因（要因）」と1つの「結果（特性）」
　を図にまとめたもの。「結果」に「原因」がどのように関係し、影
　響しているかを一覧に書き出すことで両者の関係を明確にすること
　ができる

・その形が似ていることから「魚の骨」（フィッシュボーンチャート）
　と呼ばれたりもする

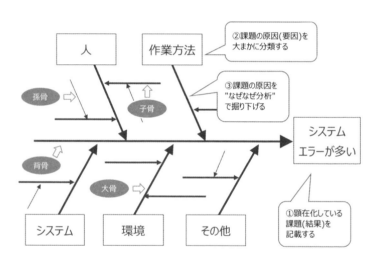

■特性要因図を構成する要素

背骨	取り上げるべき課題 ＝「結果(特性)」
大骨	背骨の要因となる 思いつきやすい事象・項目
小骨	大骨を構成する個々の要素
孫骨	小骨に潜んでいるミクロな要素

■特性要因図 構成要素詳細

背骨	大骨	小骨	孫骨
システム エラーが多い	人	人手が足りていない	代行入力が多い
		研修に時間がさけない	新人の業務理解が甘い
	作業方法	人によって理解度の差が大きい	想定外の使い方をしている
		確認方法が統一されていない	確認不足
	システム	単体レベルのテストが不十分	開発の遅れによって計画した テストを実施しきれなかった
	環境	動作が遅くてタイムアウトする	PCのディスク容量が不足している
	その他	要件検討不足	特殊な業務に対応できていない

治療中は食事管理と
上半身トレーニングで

ダイエット開始から4か月目。
今回のダイエット最大のリスクに直面する私。
足のケガで全治3週間の診断を受けるも、事前の対応策に従い、
迅速に対応したが……。
カッコいいパパはどうなる?

先輩「えっ?　ど、どうしたんだよ、松葉杖で出勤なんて *!!*　大丈夫か?」

私「週末に子どもと公園で遊んでいて、足をくじいちゃって……。全治3週間だそうです……もうガッカリ」

先輩「しばらく大変だな、お大事に *!*」

私「ありがとうございます」

先輩「リスクが現実になってしまったわけだけど、事前に決めてあった通りに対応できた?」

私「はい。ケガしたことと診断結果をすぐにトレーナーさんに連絡して、今後の対応について話し合いました *!*」

先輩「よし、ちゃんと計画通りに対応できたみたいだね。リスクを洗い出して対応を決めておけば、慌てて対応を間違える危険を避けられるからね。それに、リスクが発生したときの動き出しも早くなるんだ *!*」

私「まったくです。今までだったら、ケガしたから仕方ないって絶対グダグダしてただろうな。これまでの努力が水の泡だぁ、なんて泣き言を言いながら、ダイエットやめてたかも……」

先輩「やっぱりリスクマネジメントは、大事だろ?　で、計画はどんなふうに変更したの?」

私「トレーナーさんと相談の結果、まず完治までの3週間は栄養管理に重点を置きながら、足に負担がかからない上半身のトレーニングのみを行うこと」

先輩「なるほど」

私「で、ケガが治った後も、まずはプールでの運動など足に負担のかかりにくい運動から始めることにしました。目標達成のためにはちょっと痛かったですけど、残りの期間、無理のない範囲でベストを尽くします！」

先輩「よし、その意気だ。頑張れ！」

顕在化したリスクへの対応

アクシデント発生→リスク計画に従い、トレーナーに連絡して対応を検討。その結果、トレーニング内容を修正。完治までは、栄養管理と上半身の筋トレのみを行うことに。

トラブルからプロジェクトを守れ！！

どんなに綿密にプロジェクト計画を作成していたとしても、計画から外れる事象は必ず起こるものです。

計画のプロセスでは想定できないような事象もまたリスクと言えます。

プロジェクトが進行するにつれて新たなリスクも発生するため、実行プロセスにおいても、リスクの特定は継続的に行っていく必要があります。

リスクへの対応の仕方によっては、プロジェクトが失敗に終わる引き金になることもあります。

「運が悪かった！」などと嘆くことのないよう、リスクを早めに掌握し、冷静に対応策を講じていくことが大切です。

プロジェクトをトラブルから守る、その大事な役割を担っているのが、リスクマネジメントの実行、それと並行して実施される監視・コントロールのプロセスです。

ストーリー

説明

このプロセスでは、リスク対応策の実行、そしてリスクの監視の2つの作業を行います。

①リスク対応策の実行

リスク対応計画書にもとづいて、リスクに対応していきます。プロジェクトに脅威となるリスクであれば、回避策をとるのか、あるいは、リスク転嫁、リスク軽減、リスク受容などの方法をとるのか、優先度、影響度などを考慮して対処します。

ポイント

対応策を実施する場合は、タイミングよく行う必要があります。時機を逸してしまうと、いくら実行しても手を打っていないのと変わらないことになりかねません。

計画プロセスの作業を無駄にしないためにも、きちんと実行できるようにしましょう。

サンプル

②リスクの監視

対応したリスクや受容したリスクを追跡します。もう発生しないと
判断できるリスクは終結して報告書にまとめます。

プロジェクトの進行中は、新たなリスクが生じる可能性があります。
継続的にリスクの特定を行って分析し、対応していきます。

リスク登録簿をもとに、リスクの再査定や監査を行い、各リスクは
どう扱われたか、リスクマネジメントの方法は効果的か、方針や手順
はちゃんと守られているかなどリスクマネジメント活動の有効性を確
認します。

■リスクのレベル管理

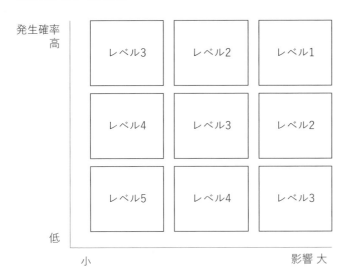

■まとめ

- 計画に基づいて適切なタイミングでリスクに対応する
- リスクの状況（影響の大きさ、発生確率）に変化が無いか確認する
- 新たなリスクが発生していないか確認する
  ※新規リスクについては対応を検討する

✍ ワンポイント

- プロジェクト計画時点で全てのリスクを洗い出せるわけではありません。プロジェクトの進行中に発生／変動するリスクを見落とさないためにも、定期的にリスクの洗い出しを行うとよいでしょう。

リスクは変動する！

　計画時点で洗い出したリスクについて、実行プロセスでは、定期的に見直すことが必要です。さらに、プロジェクトが進んでくると、途中で新たなリスクも現れます。特に、終盤に近づくほどリスクは増えるもの。そんなリスクも加えて、予防管理をしていかないといけません。

　政変で郵政民営化が止まる。コロナでオリンピック中止。取引先がキャッシュ不足でプロジェクトがストップ……追加リスクは、いくらでもあります。

「夏には、〇〇社からの人の調達が難しくなるらしい」そんな話が、聞こえてきたとします。その会社から調達できなかったらどうするか、こちらに声をかけようとか、あたりをつけておこうなどと考えておけば、実際に起きても素早く手を打てます。

　夏になったら、そのリスクがなくなることもあれば、やっぱり「人は出せない」と通達があり、リスクが課題になることもあります。起きてからでは遅すぎるのです。

　計画では「起きるかもね」程度だったリスクが、プロジェクトの進行にともなって「本当に起きそう」と変わってきたりします。ときには突然課題として発生してしまうこともあります。

　そう、リスクは変動するものなのです。プロジェクト内の状況、社内、社外の状況によって変わってくるもの。だからこそ、リスク状況の更新は重要なのです。

　発生する確率が上がってきたら、ちゃんとモニタリングをすること。そのリスクが顕在化しそうであれば、即時アラート、方針について検討を進める必要があります。

サンプル：リスク管理一覧、
コンティンジェンシープラン

- プロジェクトを進める上で発生しうるリスクに対し、対策を検討し事前に合意を取っておくことでリスク発生時の影響を抑える事ができる

■リスク管理一覧

リスク			予防策	発生時対応
ース予定日に開発が合わない	C	近藤	週1回の進捗報告定例会議を設け、遅延発生の際に都度対策を検討する。	影響度が高い場合は意思決員による臨時会議を開催し、検討する。
ト定義確定後に大幅件変更が発生する	A	近藤	仕様変更管理ルールを厳格に定める。	原則として仕様変更は開発後ローアップとして対応する。ただ開発が必要な場合は既定のプ用いて追加開発依頼を出す。
針方針の変更に伴い、規模なプロジェクト変更施される	C	近藤	関係各所に対して随時プロジェクト変更の情報を確認し、早急に対策を検討する。	絶対必要要件については、経判断を仰ぎ、開発規模/スケの変更を含めて対応する。
…	…	…	…	…

> リスク発生時のアクションをできるだけ具体的に記載する

- システムリリースなど、失敗した場合にプロジェクト目標の達成だけでなく事業継続に直接影響を及ぼす可能性のあるリスクに対しては、個別に「コンティンジェンシープラン」を作成し、重点的に管理する事がある
- 緊急事態発生時の事業継続や復旧を目的とした「事業継続計画（BCP）」と混同しないよう注意が必要である

■コンティンジェンシープラン

#	リスク内容	リスクランク	対応内容	備考
1	入替用の機器が配送ミスなどで届かない/もしくは誤っている	C	ディスプレイなどであれば、旧ディスプレイを活用して実施。PC本体であれば入替作業停止。	旧機器活用可能なもの：ディスプレイ、キーボード、プリンタ
2	入替作業中に停電が発生し、作業が停止	A	再起動後入替プログラムステイタスを確認。「処理中」であれば再実行し、作業継続。「エラー」であればすべて切り戻し、入替作業を停止。再度日程調整を行う	
3	データの入替が完了しない(指定時間を超える可能性が高い)	A	マスタ部分であれば、完了まで時間遅延しても続ける。トランザクションであれば、一旦時間で打ち切り、後日投入を行う	××マスタに関しては除外しても問題なし
4	リリース予定時刻（mm/dd AM 8:00）が遅延する	A	主要システムの利用ピーク時間帯(AM 10:00-12:00)を避けてリリース対応を行う	
5	顧客より機能の追加を要求される	B	5月末までに要求があれば対応チームを結成し、対応する。6月以降に要求があった場合には申し送り事項として次期リリースタイミングに向けて対応する	
…	…	…	…	…

Part V

終結

プロセス群の説明

プロジェクト終了、そして次へとつなぐ！

・プロジェクトを公式に終了するプロセス群

　立ち上げ→計画→実行と進んで、プロジェクトもいよいよ最後のプロセス群を残すのみとなります。

　プロジェクトの締めくくりである終結プロセス群は、プロジェクトを公式に終了するためのプロセス群です。

　プロジェクトで進めていたアクティビティがすべて完了していることを検証して、プロジェクトを終結します。

　この終結プロセス群では、統合マネジメント・エリアの「プロジェクトやフェーズの終結」の作業が主体となります。

　これは、プロジェクト、フェーズ、または契約上のすべての活動を正式に完結するために実施されるものです。最終プロダクトやサービス、所産を移管し、プロジェクトの成果物やパフォーマンスの概要などをまとめて、最終報告書を作成します。

・プロジェクトの教訓を残すことが重要

　このプロセス群においては、ただ単にプロジェクトを終了させるだけでなく、プロジェクトを実行する間に得られた教訓を組織のプロセス資産として蓄積させていくことが重要です。

　例えば、プロジェクトの実行中に順調に進んだこと、改善や変更が必要だった点、プロジェクトのメンバーの指摘や意見など資産として蓄積される教訓は、新しいプロジェクトに取り組む際に、非常に有効な情報となります。

　これは、残念ながらプロジェクトが失敗に終わった場合や、中止になったような場合でも同様です。

失敗の経緯や原因なども含めてプロジェクトの文書を整理し保管しておくことで、次につなげるノウハウとして生かすことができるのです。

■終結プロセスの位置付け

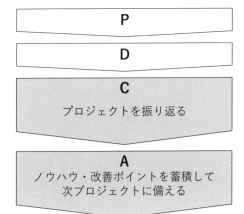

やったぁ！ ついに人生初の ダイエット完遂！！

「パパ、おデブー」ショックから始まった、今回のダイエットプロジェクト。

期限の6か月が過ぎ、果たしてプロジェクトは無事に終結できるのか？

7月某日、私たち家族は海水浴に出かけた……。

妻「どう？ パパ、カッコよくなった？」

娘「うん。もうおデブじゃない！ パパ、カッコいいー！」

息子「わーっ。パパ、カッコいい！」

私「やったぁ!! みんな、ありがとう。パパ、頑張ったかいがあったよ」

後日、さっそく先輩へ報告──

私「6か月、ついにダイエットやり切りましたー！ ダイエットを最後までやれたの、人生初です」

先輩「よく頑張ったな！ でも、最後に大事なことが残ってる」

私「大事なことですか？」

先輩「そう。プロジェクトの終わりには、最初に決めた目標を達成しているか確認し、プロジェクトを終結させてよいかを判断しなきゃいけないんだ。で、目標はちゃんと達成できた？」

私「ええ。体重はマイナス14・5kgなので目標にちょっとだけ達してませんが、体脂肪は11％落とせて腹筋も割れました！ トレーナーさんによれば、筋肉量が想定より増えたことで体重が落ちなかっただけみたいです」

先輩「よぉし、いいね」

私「ってことで、ダイエット成功とします。子どもたちにも『パパ、カッコいい！』いただきましたぁ！！」

先輩「じゃあ後は、プロジェクト終結後のこととか、今後に生かすための振り返りをしたら完璧だな」

私「先輩、いろいろお手伝いいただいて本当にありがとうございました！」

終了後については、以下の通りに決定！

ダイエットの終結

体重、体脂肪率、腹筋の割れから目標達成を確認して終結。

今後は、体型や健康を維持するために運動を継続。定期的に体重や体脂肪を測定し、3kg以上リバウンドした場合は、再度ダイエットを行って体重を戻すこと。

終わりよければ……すべて◎

プロジェクトが成功したかどうかは、目標の達成状況にかかっています。せっかくの成果を無駄にすることなく、今後に生かすためには、どう終わらせるかが大切です。

プロジェクトもゴールが見えるところまでくると、チームのメンバーが少しずつ減ったり、一時の忙しさもなくなってきたりして、モチベーションが下がってくることもあるでしょう。

でも、ここで気を抜かないこと。思わぬトラブルにつながらないとも限りません。もう一度、気を引き締めて、有終の美を飾りたいものです。

プロジェクトの最後のプロセスである「終結」は、プロジェクトを正式に終結させるためのフェーズです。次のような手順で終結させます。

①プロジェクトやフェーズの終結

ここでは、すべてのプロジェクト作業が完了して、目的を達成したことを確認します。つまり、プロジェクトのスコープが満たされているかを確認することです。

スコープマネジメントの「スコープ妥当性確認」により、プロジェクトの目的である成果物の作成が完了していることを確認します。そして、承認された受け入れ済みの成果物を納品するために必要な作業を行います。

終結は、プロジェクトのすべての活動が完了するプロセスですが、プロジェクトが中断して終結を迎えた場合でも、プロセスは同じです。

なぜ中止となったのか、どこまで進行して何がどうなったのか、中止とするためにどんな処置をとったのか……等々がわかる文書を残す必要があります。

これは、同じ間違いなどを繰り返さないようにするためにも、大事

なことです。

②最終プロダクト、サービス、所産の移管

　成果物などの最終プロダクト、サービス、所産を、使用する組織に移管します。移管が行われたことを示す文書を作成しておきます。

③最終報告書を作成

　発注者が開発した成果物を受け入れたことを示す文書、プロジェクト活動の中で生まれたファイル類、プロジェクトの完了と成果物の移管を示す文書から成るプロジェクト終了文書、そして過去の情報と教訓など。以上の内容をまとめた最終報告書を作成します。

　報告書として文書にすることで、組織のプロセス資産として蓄積されます。

　プロジェクトを通して得られたノウハウを蓄積し、次に生かせるように、この資産を増やしていくことは大変重要です。

■まとめ

- プロジェクト作業が完了し、目的が達成されたことを確認する

  ※併せて成果物を納品する

- プロジェクト終了文書及び教訓を最終報告書として取りまとめる

  ※プロジェクトを通して得られたノウハウなどを次に活かせるようにナレッジとして蓄積する

☝ ワンポイント

- プロジェクトを通じて起きた様々な出来事は、個人のみならず、企業にとって大きな財産となります。しかしながらプロジェクトの振り返りをしっかり行うケースは少ないのが実状です。意志をもって振り返りの場を設定しましょう。

  - 良かった点は再現性があるように（コツ／ポイントのとりまとめ）

  - 悪かった点は再現しないように（改善案／予防策の検討）

Columm

プロジェクトマネジメント知見の共有を

「障害事象報告の項目、前に考えた覚えがあるんだけど……」

「似たような評価基準、他のプロジェクトで作ったよな」

「承認プロセス、あのとき検討したと思うけど……」

　こんな"前のプロジェクトでもやった感"は、別にデジャブでも何でもなく、実際にプロジェクトで得た知識やノウハウを文書などに残していないことからきています。

　プロジェクトが完了しても、業務知識は業務フローや成果物に残りますが、プロジェクトマネジメントに関する知見は、共有されないことが多々あります。

　そのため、別のプロジェクトの同じようなシーンで、似たような資料や基準、しくみを一から作成するというパターンが繰り返されているのです。非効率としか言えませんね。

　ひとつのプロジェクトを立ち上げてから終結させるまで、山あり谷あり、いろいろなことを乗り越えてきたはずです。

　プロジェクト終結後はこれを振り返り、プロジェクトを遂行する間に得た教訓、体得したノウハウなどを、次につなげるようにすること。そのためにも、プロジェクトマネージャーの知見を共有するしくみ作りをしておきたいものです。

　こうして共有された知見を有効に活用すれば、新しいプロジェクトがより効率的に、順調に進められるのではないでしょうか。

サンプル：最終報告書

社内システム・ツール最適化プロジェクト
最終報告書

2021/9/30

1.プロジェクトの目的
・どのような目的でプロジェクトが立ち上がったのか記載
例：分散した社内システム、ツール群の集約

2.プロジェクトの目標（KPI）
・どのような目標を立ててプロジェクトを推進していたか記載
例：年間約4,000万の運用費用を年間約2,200万まで削減する

3.プロジェクトの実績評価
・評価を行った結果を記載する
※内容イメージを右ページに記載

詳細 ▶

4.計画値との乖離内容、及び原因と対策
・目標と実績のズレとその原因や対策を記載
例：想定よりバグが多く出た開発を期間内に収めるためコストが1億円超過

5.プロセスの監視と観測
・プロセスに対する監視指標と結果、超えている場合は理由を記載する
例：管理が届かない現場同士の確認が起こったため、手戻り率10％超過

6.是正／予防処置の必要性
・プロジェクト中の課題や反省点など、次に繋げるための情報を記載
※内容イメージを右ページに記載

詳細 ▶

項目の内容イメージ

■プロジェクトの実績評価

QCD	目標	実績	評価
品質	全画面レスポンス3秒以内	5画面超過	△
コスト	5億円以内	6億円	×
納期	リリース目標2020年8月	リリース2020年8月	○

■是正／予防処置の必要性

フェーズ	担当者	Keep	Problem	Try
要求定義 要件定義	今井	○○を達成できたため、次回以降のプロジェクトにおいても継続する。	人的ミスによりxxという課題が発生した。 〈解決策〉 △△を実施し認識齟齬を防ぐ。	◇◇を次回のプロジェクトに取り入れたい。
基本設計				
詳細設計				
製造 単体テスト				
結合テスト				
総合テスト				
受入テスト				
移行				
リリース				

おわりに

DX とプロジェクトマネジメント

　デジタルトランスフォーメーション（DX）という言葉を近年よく耳にするようになりました。経済産業省「DX推進ガイドライン Ver.1.0」では、DX は以下のように定義されています。

「企業がビジネス環境の激しい変化に対応し、データとデジタル技術を活用して、顧客や社会のニーズを基に、製品やサービス、ビジネスモデルを変革するとともに、業務そのものや、組織、プロセス、企業文化・風土を変革し、競争上の優位性を確立すること」

　つまり「競争優位を確立」するために「IT」で「製品やサービス、ビジネスモデルの変革」に寄与することが「DX」だと言えます。

　単純なシステム導入（手作業→システム化）や機能据え置きのシステムリプレイスなどもまとめて「DX」と呼ばれるケースもあるものの、本来「DX」とは、対象企業にとってビジネスの根幹となる部分に影響を与える取組みです。

　今後、皆さんが「DX」を掲げたプロジェクトに参画する可能性も十分にありますし、既に参画されている方もいらっしゃるかもしれません。

　ぜひ、観点として「DXとして成り立っているか」つまり、対象のシステム導入が「競争優位を確立」するものか、「製品やサービス、ビジネスモデルの変革」を促すものか、を意識してみてください。

結局「人」

　経験上、プロジェクトにおける重大な事件の大半は、「人」が起因となるヒューマンエラーです。「それ伝えといてよ」「なぜそこに気づかない」「いや、実は分かってたでしょ」などなど。人が介在する故に発生する事件 / リスクは多々あります。

　ただ一方で、何気ないやり取りで「ほっこり」するのも、助けてくれたことに対して「ありがとう」と言えるのも、プロジェクトの完了を一緒に喜べるのも、「人」だからでしょう。

　しくじりたくないIT担当部長、迷惑顔の業務担当部長、何とか着地させたいプロジェクトマネージャー、早く帰りたいプログラマ、プロジェクトには大勢の「人」が関連するからこそ、そこにある想いは様々です。価値判断基準も異なれば、人間なのでその日の機嫌で対応や口調が変わることもあります。
「人」が介在するからこそ、不確定要素が生まれ、それ故「必勝法」というものはないのだと思います。ただ、勝率を上げることや、「想定の範囲」が広がることで、心理的負荷を下げることは可能です。

　この本が、プロジェクトマネジメントを始めようとしている方々、もしくは、始めかけている方々にとって、気づきを与え好転するきっかけになれば幸いです。

「人」が介在することでの不確定要素。これこそプロジェクトマネジメントの醍醐味です。ぜひご堪能ください。

謝辞

　執筆に際して、案件対応が忙しい中、出版対応チーム（鈴木太朗さん、佐藤直樹さん、青木一哲さん、松井彩香さん、今井涼晴さん、成瀬洋美さん）が案出し、ネタ作成など大分奔走してくれました。また、PMBOK記述に関しては、こちらも案件忙しい中、相澤良昌さんにチェックいただきました。本当にありがとうございました。

2021年7月
株式会社キューブアンドカンパニー
勝俣安朗　細澤新太郎

出版対応チーム

■ 著者紹介

勝俣安朗

株式会社キューブアンドカンパニー 取締役副社長

2000年〜SCM領域における業務改善コンサルティング、システム導入コンサルティングに従事。

2007年、株式会社キューブアンドカンパニー設立。製造業、流通小売業、WEBメディアなど様々な事業領域にて、IT戦略、組織戦略、人材育成、ITプロジェクトPM/PMOに従事。

細澤新太郎

株式会社キューブアンドカンパニー 執行役

2003年以降、倉庫管理システム（WMS）を専門とするSEとして海外事例も含め様々な案件に従事。

2008年、株式会社キューブアンドカンパニー入社。製造業、流通小売業、飲食業、運輸業などの事業領域にて、組織戦略、現場改善、システム導入PM/PMOに従事。

株式会社キューブアンドカンパニー

IT/戦略など各種コンサル事業と合わせて、新規事業開発/運営を実施

・コンサル事業

システム構築PM/PMO、プログラムマネジメント、戦略コンサルティング、M&A業務サポート　など

・その他事業

apiapi（働く女性向けECサイト）、BUTLER TOKYO（高級フードデリバリー）

[URL]http://www.cube-company.com

[MAIL]info@cube-company.com

『X-Techビジネス大全』（みらいパブリッシング、2020年4月刊）

『SROIとインパクト評価が社会を変える』（みらいパブリッシング、2021年7月刊）

cube&
company

apiapi

BUTLER TOKYO

最短理解で最大成果！
初めてのプロジェクトマネジメント

2021年7月21日　初版第1刷

著　者　勝俣安朗　細澤新太郎

発行人　松崎義行

発　行　みらいパブリッシング

〒166-0003 東京都杉並区高円寺南4-26-12 福丸ビル6F
TEL 03-5913-8611　FAX 03-5913-8011
https://miraipub.jp　MAIL info@miraipub.jp

編　集　道倉重寿　鈴木洋子

イラスト　渡部和夫

ブックデザイン　洪十六

発　売　星雲社（共同出版社・流通責任出版社）

〒112-0005 東京都文京区水道1-3-30
TEL 03-3868-3275　FAX 03-3868-6588

印刷・製本　株式会社上野印刷所